# 六〇代は、きものに誘われて

三砂ちづる

AKISHOBO

日常でも特別な日でも、いつもきものがある

津田塾大学の中庭。宮崎の「染織こだま」の琉球柄の一乗木綿にミンサーの名古屋帯、黄色い衿に黄色い帯揚げと黄色い帯締め。二〇年間の女子大生活で最もたくさん着た組み合わせとなった。この木綿の単衣のきものはふっくらしてあたたかいので真冬でも着ることができる。また帯も木綿なので雨の日でも大丈夫。（写真・井上美野）

きものを着ることにして最初に仕立てた、一つ紋の入った紫の色無地。二〇年経った今も大活躍している。帯の組み合わせによって、慶事、弔事、また普段の仕事にも着られる。右頁は結婚式にも参席できる帯、左頁は、仕事などに着る時の献上柄の博多帯。

教え子の結婚式でスピーチをさせてもらう機会がたくさんあり、色留袖で出かけていた。ふつう、色留袖は、人生でそう何度も着る機会があるようなきものではないのに、女子大の教員をしていたおかげで、裾が擦り切れるくらい着る機会があった。

美智子上皇后がお召しになっていたグレーの色無地がとても美しく、憧れた。無地から染めて作った一つ紋の色無地。左頁は半喪の帯で、法事などでの装い、右頁は沖縄の藍型をあわせて、仕事場などで着ていた。

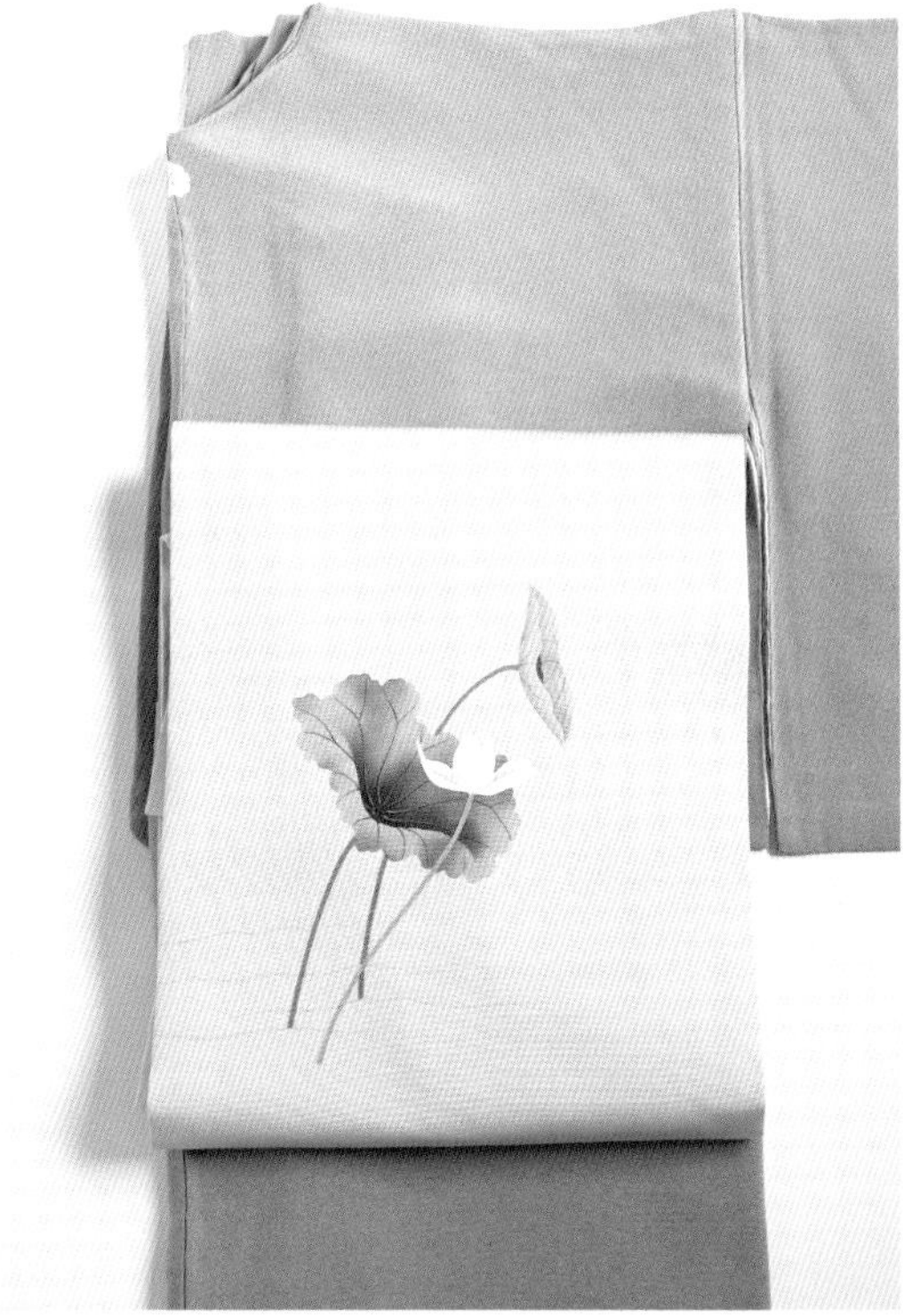

津田塾大学の秋の風景の中、青の色無地（紋なし）に、半喪にも使えるような黒地の塩瀬の帯。父、義母、夫を続けて送ったころで、こういうきものが気持ちに寄り添ってくれたように思う。（写真・郷路拓也）

この薄いピンクの草木染めのきものは、志村ふくみさんに弟子入りして草木染め作家となった、元ゼミ生の四方ひかりさんが糸を梅、桜、冬青などを使って染め、織ってくださったもの。「羽衣」という名前がついている。（写真・津田塾大学提供）

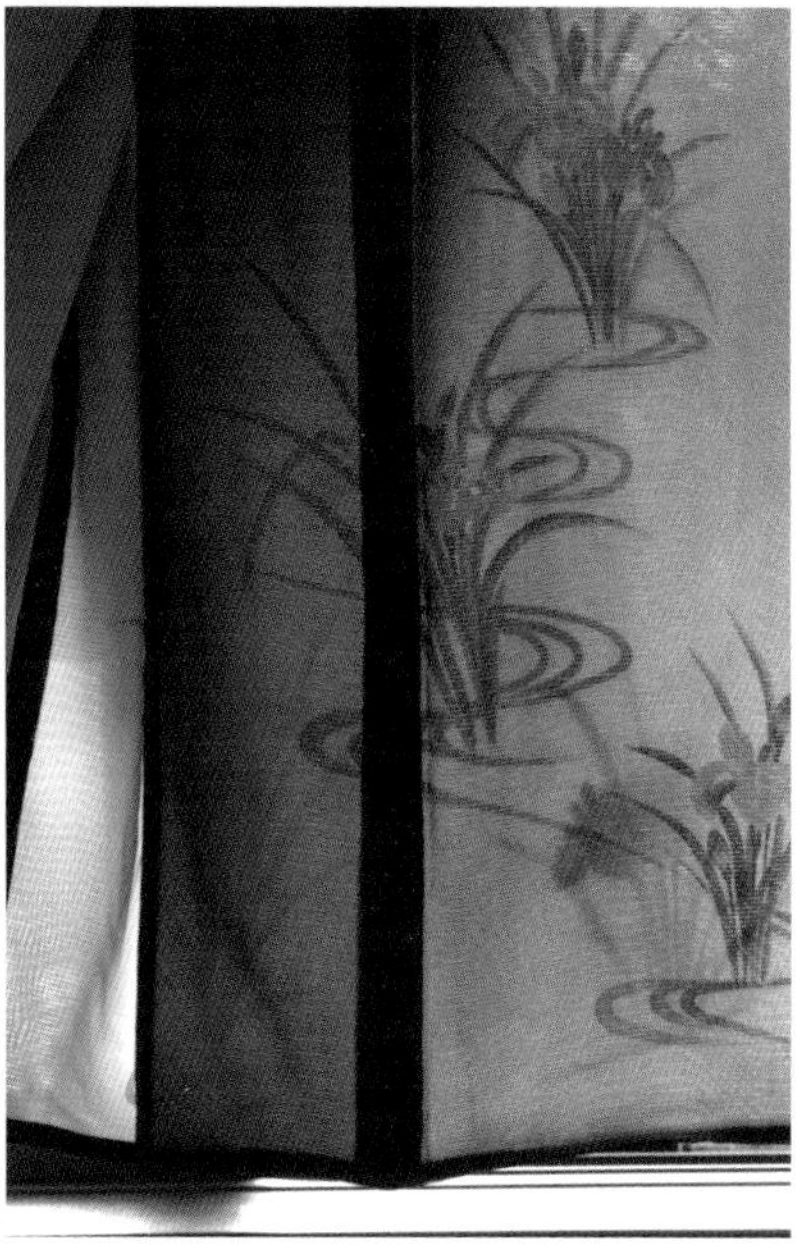

上が夏に向かう時期のかきつばた模様の紗袷。本来はこの時期のものだと思うが、「夏を惜しむ」秋の柄の紗袷（左）もある。

帯締めは上野池之端の道明の冠組が、本当に使いやすい。たくさん持っていて、きものと帯に合わせて使う。黄色は特に何種類もそろえていて、一番よく使っている。きものファンなら誰でも憧れる京都縄手通りゑり萬の帯揚げはどんなきものにもあわせやすく、本当に万能だ。

津田塾大学図書館にて。角通しの江戸小紋に桜の柄の博多帯。この博多帯は海外の仕事に出かける時にもよく使い、とても喜ばれた。（写真・津田塾大学提供）

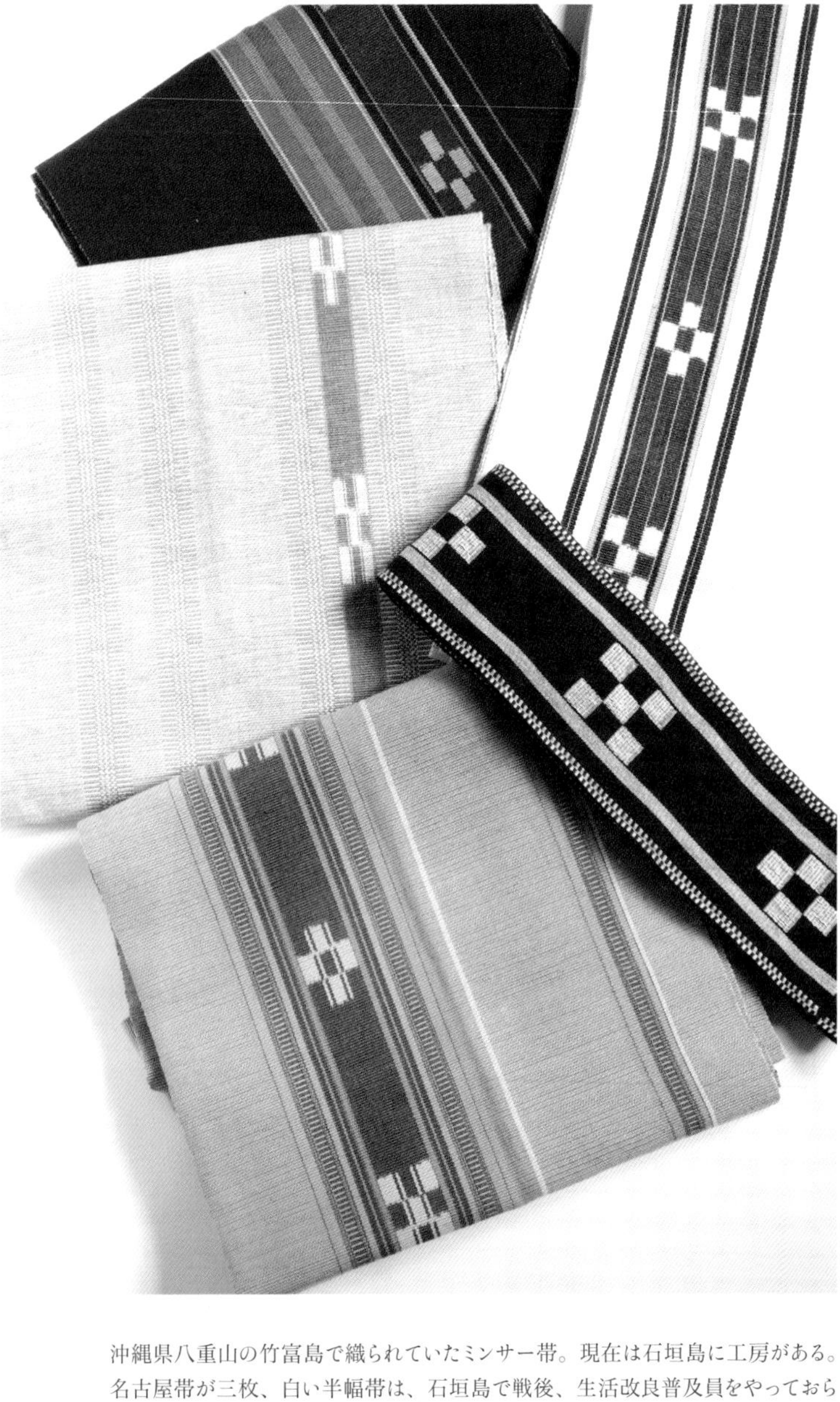

沖縄県八重山の竹富島で織られていたミンサー帯。現在は石垣島に工房がある。名古屋帯が三枚、白い半幅帯は、石垣島で戦後、生活改良普及員をやっておられた方からいただいた。紺色の細帯は、もともと地元で使われていたもので、現在は、踊りのときなどに使う。

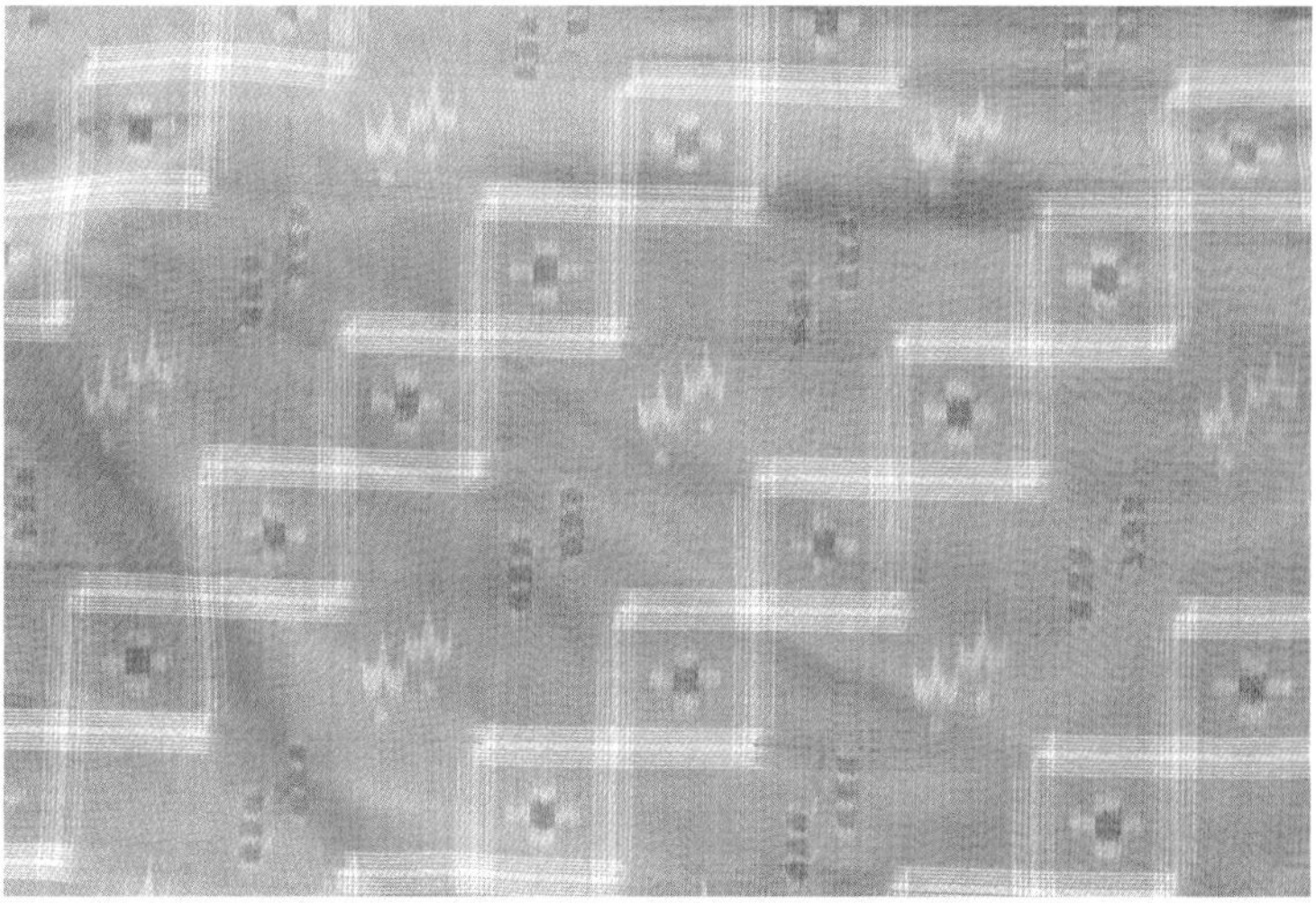

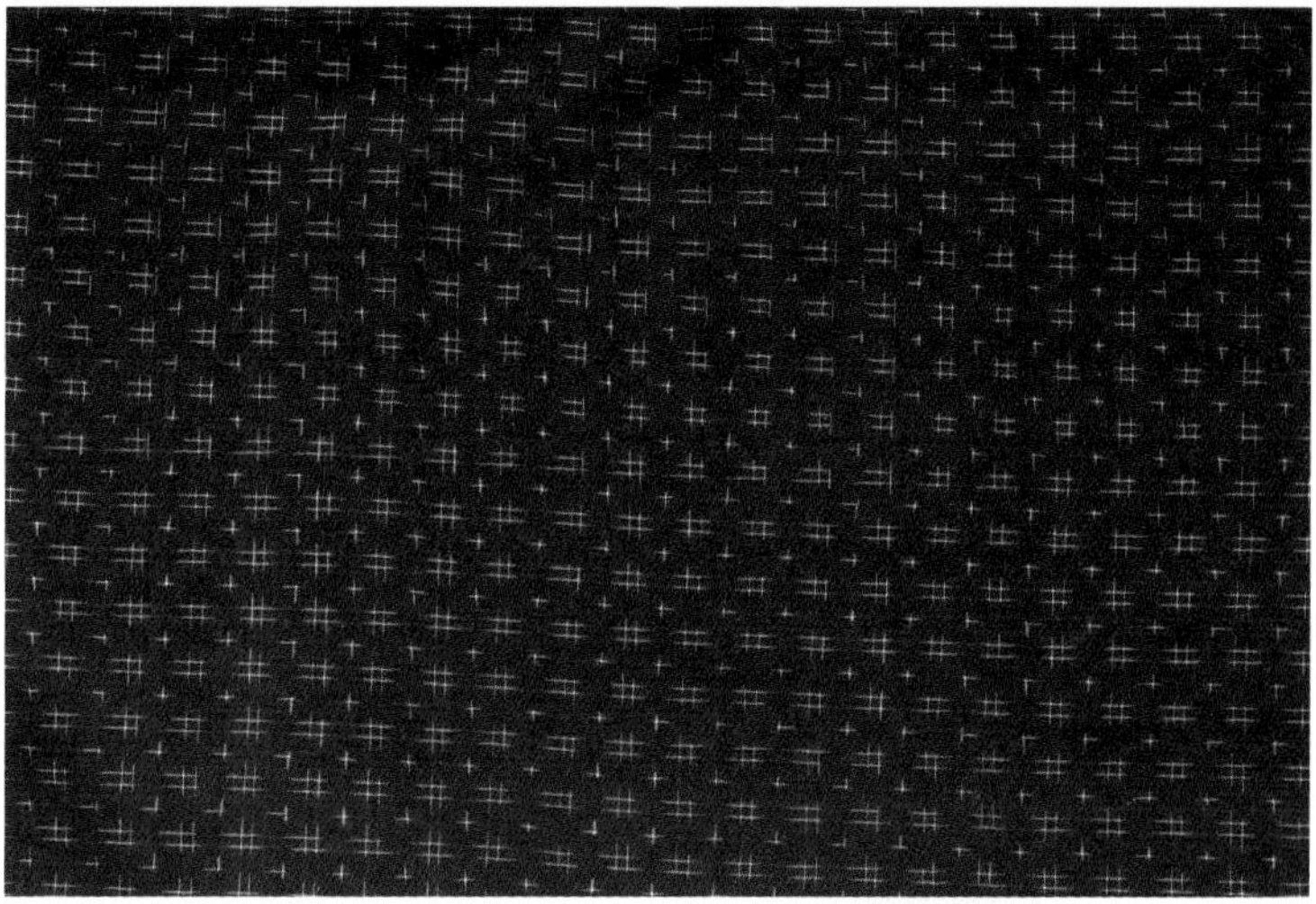

上：復帰前後の沖縄で、石油のパイプラインや久高島への水道管工事などの仕事に携わっていた父が購入した琉球絣。父が伯母に贈ったものを、父が亡くなった折、「あなたがお父さんのことを思い出して着てね」と譲られた。洗い張りして自分のサイズに直している。大切に着ていきたい一枚。
下：教え子の祖父は新聞記者で、配偶者を亡くした後、相撲関係者とおつきあいなさっていた。その方の結城紬を教え子を通して譲っていただいた。悉皆屋さんを通じて織元で湯通しをしてもらい、自分のサイズに仕立て直した。最も活躍することになったきもののひとつ。

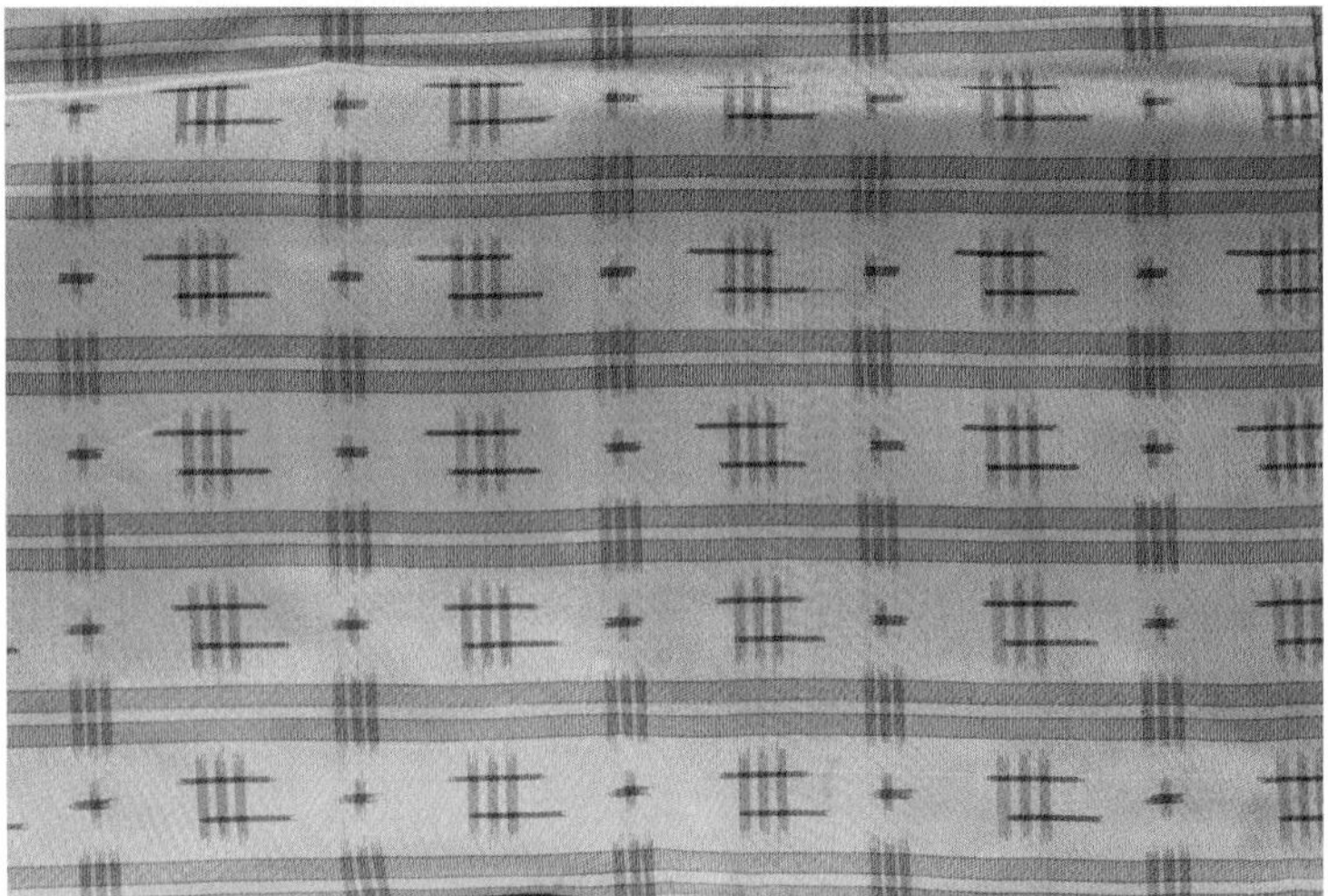

上：金沢に旅行した折に目に留まり、いいなあ……とつぶやいていた私に夫が買ってくれた能登上布。二〇一五年に夫はガンで亡くなり、まことに思い出深い一枚となってしまった。
下：東京都の伝統工芸品、黄八丈。二〇〇一年よりしばらく勤めた国立公衆衛生院の同僚のお母様のきもの、ということでいただいた年代物。渋い黄色でとても気に入っている。

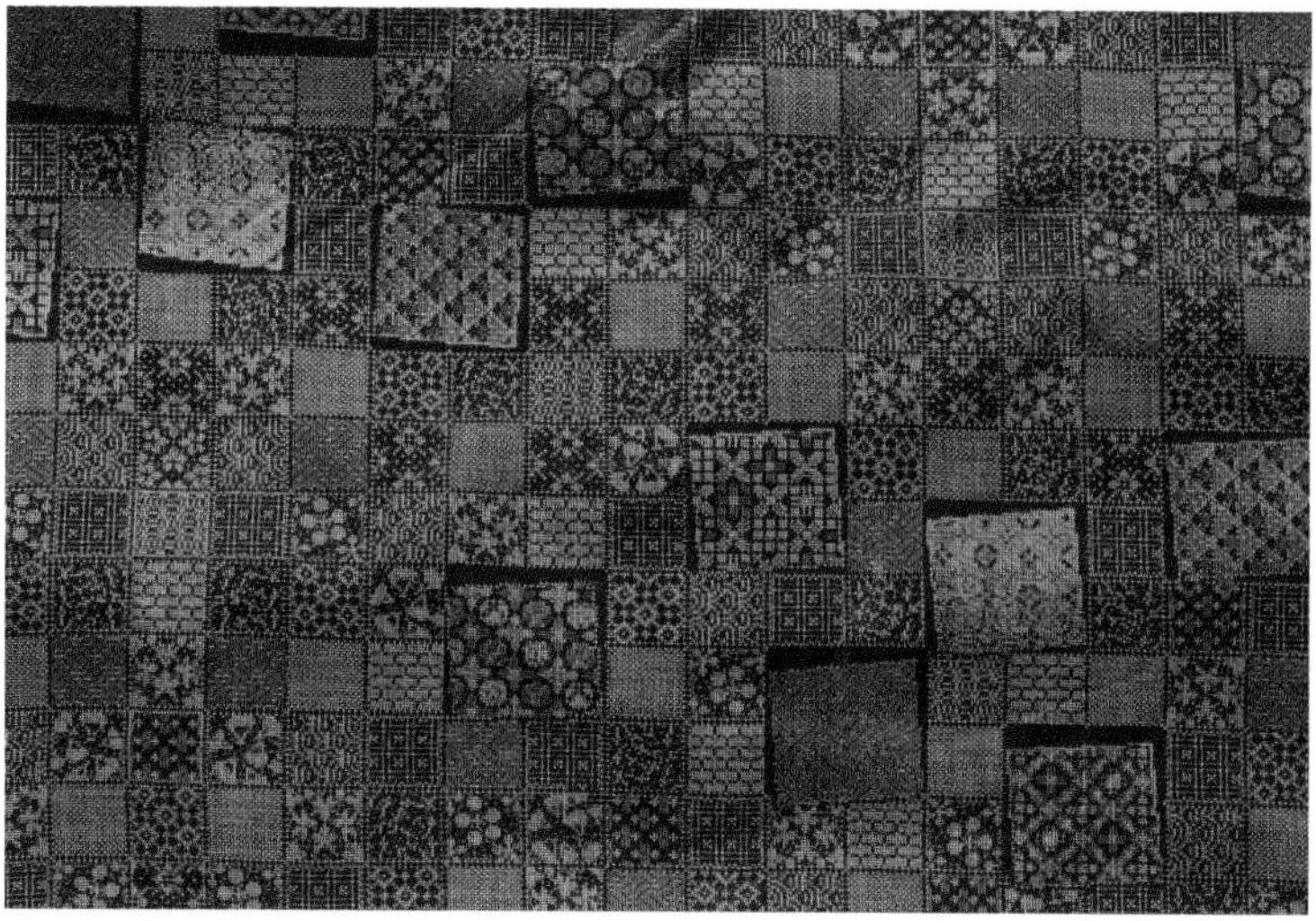

泥染の大島紬。知り合いの京都の悉皆屋さんで、大島の産地を守るために「大島の産地に三割多く残す」という活動をなさっていた方から買った。大島紬は軽いのに、あたたかく、長時間着ていても疲れることがなく、とても着やすい。

津田塾大学中庭。いただいた紬の白生地を、色見本を見ながらこの緑色に染めてもらった。五月ごろに藍型の蝶の柄の帯と合わせるとほんとうに心楽しくなったものである。
（写真・津田塾大学提供）

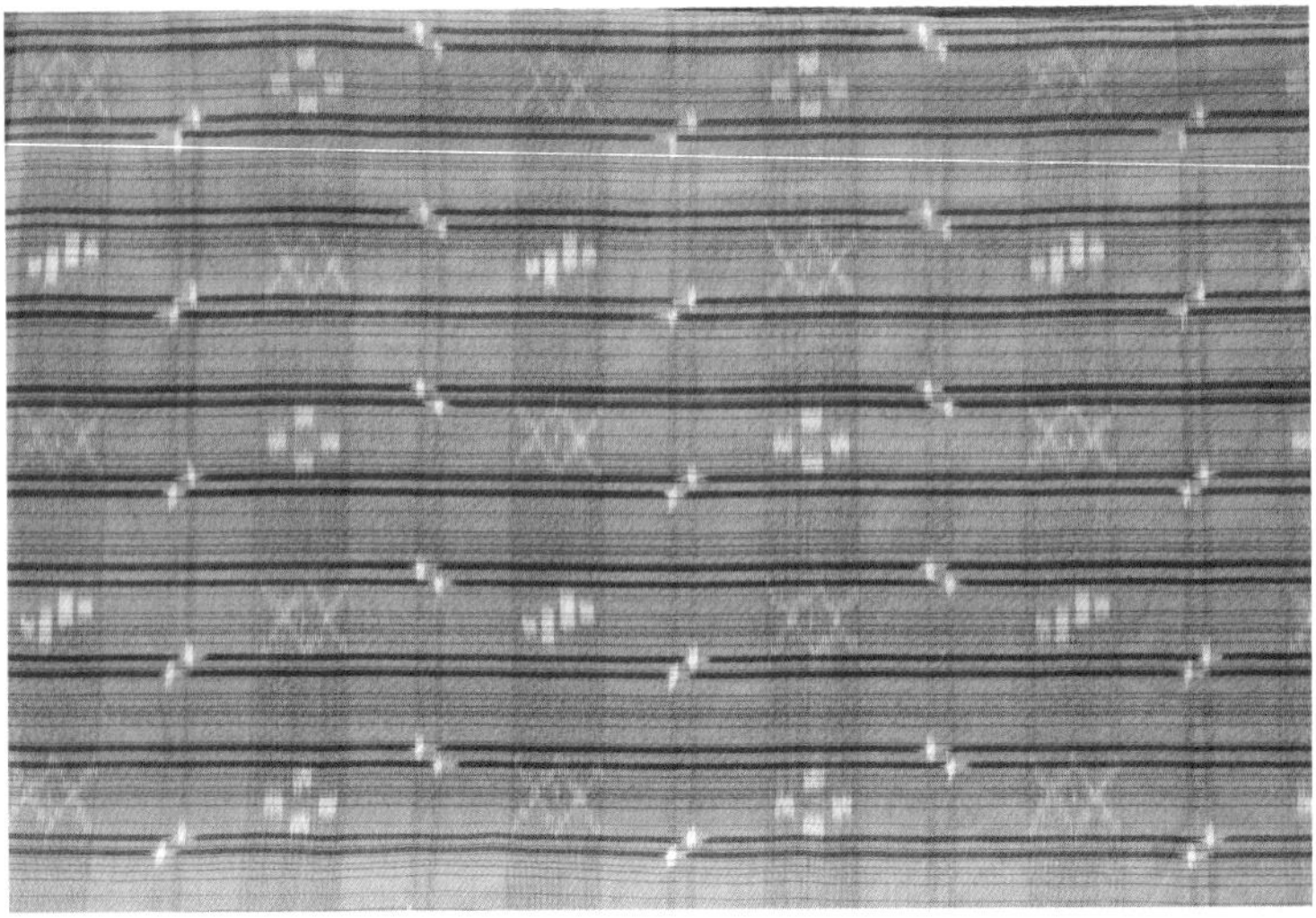

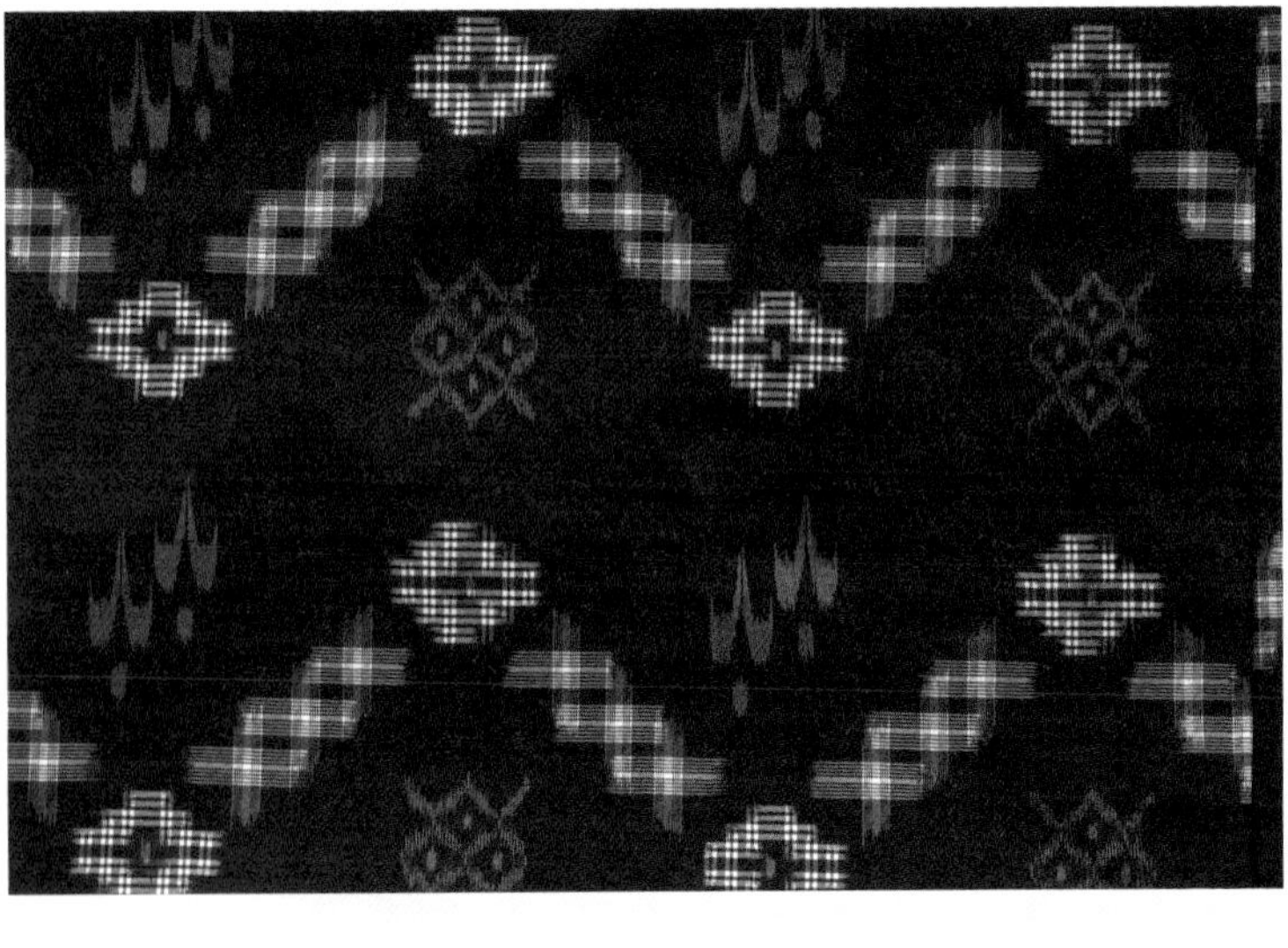

琉球仕立てのうしんちーで着るきもの二枚。単衣の南風原上布（上）と、紺地の琉球絣（下）。那覇平和通りのよへな商店で購入し、仕立ててくださる呉屋芳子先生をご紹介いただく。長く那覇で着付け、仕立てをリードしてきた「新装」を率いておられた方である。呉屋先生のお嬢さんで沖縄県立芸大で教鞭をとる屋比久珠代先生に仕立ての監修をしていただいた。

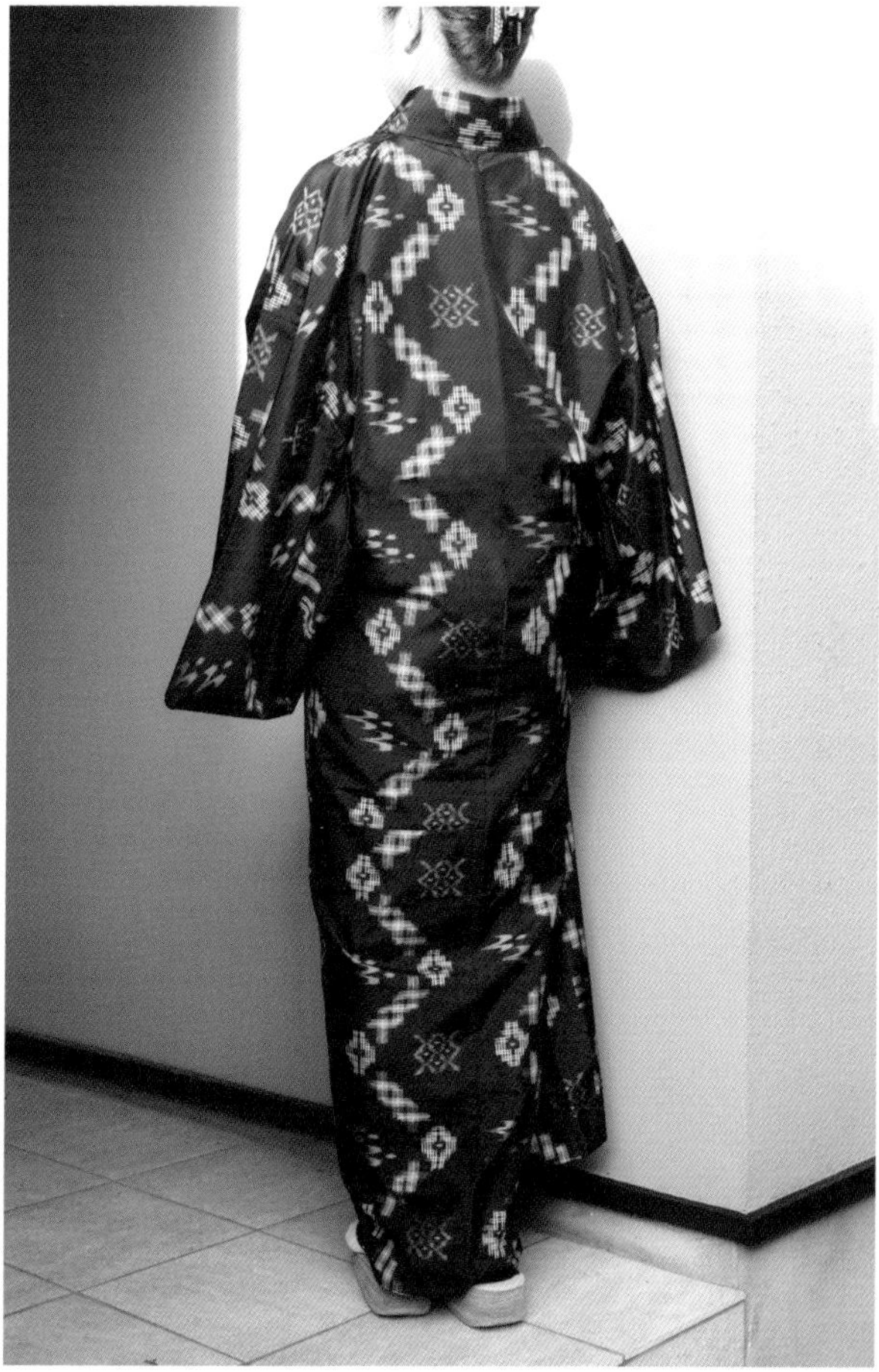

うしんちーの後ろ姿。帯を使わないので、後ろ姿は腰の辺りがふっくらとしている。とうとう仕立ててしまった琉球仕立て。

琉球大学大学院生の頃、八重山芸能研究会にいれてもらって踊っていた。八重山の座開きの踊り、赤馬節。みんな、まず踊りはこの赤馬節から習う。

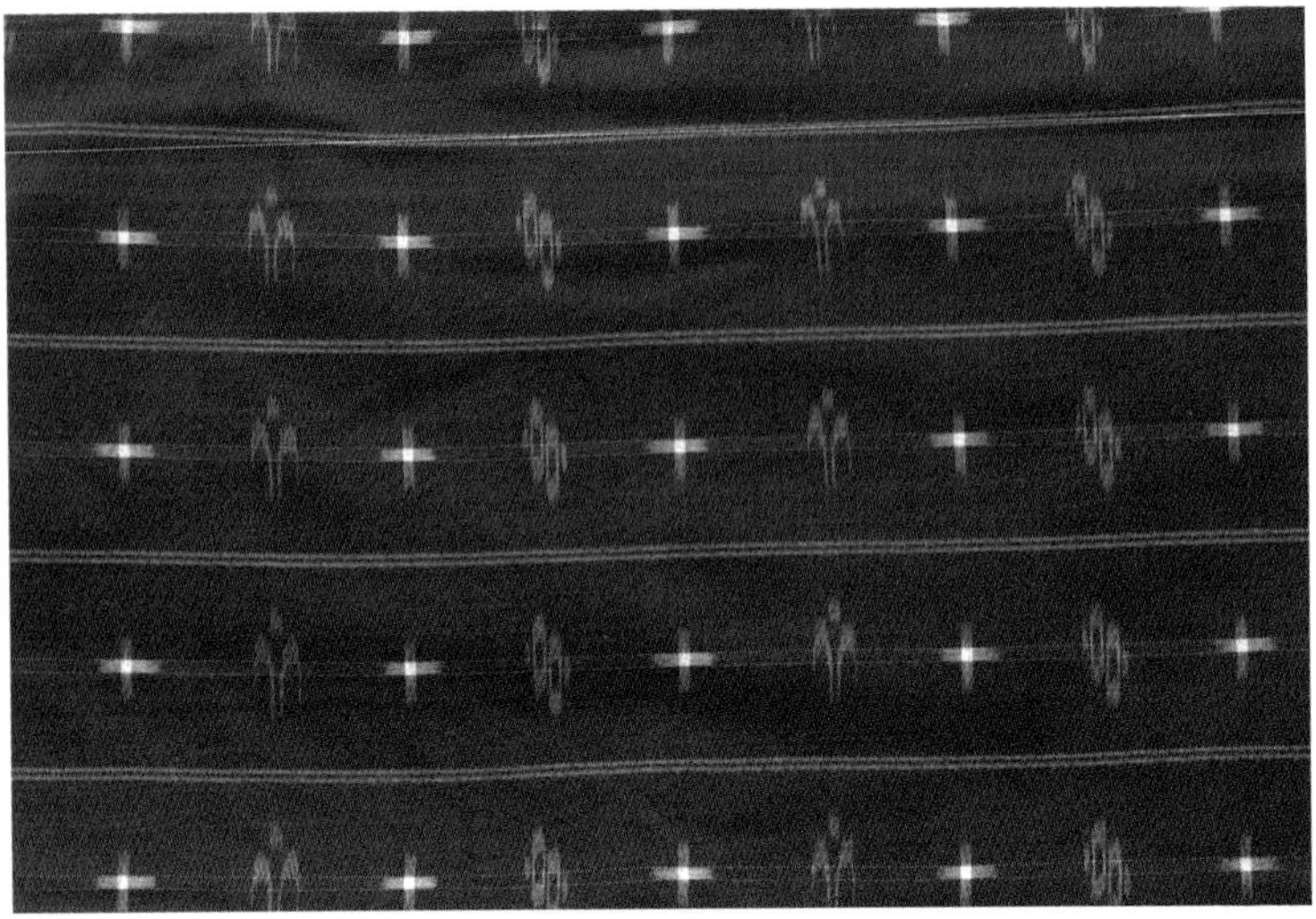

憧れだった久米島紬。これは裄がちょうどよかったので、仕立て上がりのしつけ糸のついているものをリサイクルで購入した。証紙も織った方の名前も入っているものだが、申し訳ないくらいお安かった。きものは仕立てた時点で、織物の値段の一〇分の一の価格になってしまうのだという。私のもとにきてくれて、うれしい。

いただきものの、古い琉球絣。とても気に入って頻繁に着ていたが、おしりの部分が薄くなってしまい、洗い張りして反物に戻してある。さて、これからどうやって着ようかなあ、と考えている。（写真・岩根愛）

＊とくにクレジットのない写真は山口規子撮影。

六〇代は、きものに誘われて　目次

憧れの力 6
黄色 12
名古屋帯から始める 17
心を映す色無地 23
きものと電車 28
猫の手 33
雨と雪 39
とっておきのきもの 44

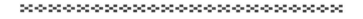

洋服でいうと…… 50
防寒 55
カンプーと琉球柄 61
きものという謙虚 66
下着 72
パッションから慈愛へ 77
夏もの、紗袷 83
ネットできものを買う 88

もっと自由に？ 93
夏の名残り 98
色留袖 102
アイロン 107
段取り 113
デンチコ、インバネス 119
必需品 125
ミンサー 131

帯揚げ 137
うしんちー 143
上布 149
うしんちーのきものを着る 155
きものに導かれる 161
あとがき 167

# 憧れの力

女子大の教師を二〇年やってきた。大学に入学したばかりの女子学生は、なんだかまだ高校生みたいで、背伸びはしてもまだ子どもっぽくて、お化粧もおしゃれも身についていない感じの人も多い。だが、新しい年があけるくらいの時期になると、それなりにみんな、大学生らしくなってくる。勤め先では、一年生からゼミがあった。ゼミというのは一〇名前後のごく少人数の学生と教員がお互いの顔を突き合わせて、その場に参加しながら学びを積み上げていく、いわば、大学らしい勉強の仕方のことだ。一年生のゼミとは、そのような大学での学び方を学ぶゼミ、つまりは、「ゼミの練習をするためのゼミ」なので、人前で話したり、レジュメをつくってきたり、調べてきたことを一五分くらいで発表したり、司会をしたり、テーマを決めて議論をしたり……そういうことを練習してもらう場である。

私のゼミでは、入学したばかりの一年生に、毎週一冊新書を読んできてもらう。まさか新書とは何か知らないなんてことはないと思って、「新書を読んできなさい」とただ言っていたこともあるのだが、「新書」を知らない人もあることを知り、それからは最初の授業の日には、見本としていろいろな出版社の新書を一〇冊くらいもっていくことにした。

「こういう大きさの、こういうものを新書と言います。図書館の新書コーナーとか、本屋さんの新書コーナーにあります」と説明するようにしていた。そして毎週ゼミの最初に、クジ引きをして、当たった人二人に読んできた新書について、数分紹介をしてもらっているのである。たとえ、サークルが忙しい、宿題で時間がない、いろいろあって読む暇がないときも、クジに当たったら「読んでいませんでした」と言ってはいけないことになっている。たとえ、読んできていなくても読んだふりをしてその新書の紹介をしなければならない。

新書はできるだけ借りないで、買いなさい、そうすると一年生が終わる頃には自分の本棚に五〇冊くらいの新書が並び、自分の興味もわかるし、そうやって本がずらっと並んでいると、大学生になったような気分になるからと、言ってある。いまどき新書もまさに玉石混交で、歴史に残るような一冊もあるけれど、実に軽い内容のものもあるので、お金を払って買っていると、「ああ、こんなものにお金を払わされた」と、次回、本を選ぶときにもっと真剣になれたりするのだ。

と、そういうことを一年生のゼミで約二〇年、毎年やってきたのだが、この一週間に一冊新書を読みなさい、それについて話しなさい、ということができなかった人は、いままで一人もいない。別に私の指導がすごいでしょう、などということが言いたいわけではなく、この程度のことは、やれと言われれば、みんなできるということが言いたいのだ。そして、そうやって少なくとも一週間に一冊くらい新書を選ぶ習慣をつけていると、一年ほど経つと、なんだか大学生らしい顔つきになってくる。

学生が言うのだ。「『ああ、来週はゼミの発表だ』と言いながら、パソコンに向かっていると、なんだか自分で、私ってかっこいいじゃない、という気になるんですよ。今週はこれを読まなきゃいけないって、選んだ新書を急いで一日で読み上げる。それって大学生っぽいじゃない、みたいなかんじで……。高校生のときに憧れた、大学生っぽくなってるなあ、って思うんですよ」と。「ちょっとうれしいですよね」と。

人生、だんだん、なりたい自分になるように生きている。この「憧れた姿」に少しずつなっていくというのは、結構大事なことだ。自分の人生なんだから、すこしずつ好きな自分になっていける、というのは悪くないのだ。

私は日常的にきものを着ている。なぜ着ているのかというと、きもの姿に憧れていたのだ。……と言うと、誰のきもの姿に憧れたんですか、杉村春子ですか、長谷川時雨ですかとか、いろいろ聞かれる。たしかに、私が学生の頃、上智大学では鶴見和子先生がずっときもので教壇に立たれていた。そのことは知っていたから、いつかきものので教壇に立てたらいいなと、ちらっと思ったことがあるような気はする。でも鶴見先生に憧れてきものを着ようとしたということとも、ちがうと思う。「きものを着ている自分」になりたいと憧れていたのだ。きものが自分で着られる私になりたい、きもののことがわかっている私になりたい、きもので生活している私になりたい。中年以降は、きものを着ている私でありたい。

憧れと現実には、当初、多くの乖離がある。女子高校生と「大学生っぽい」ゼミの準備などする自分とに、大きな乖離があるように、きものを着るようになるまでの私は、きものを着るようになった私とあまりにかけ離れていたと思う。

まず、ひとつめ、私はきものを持っていなかった。まずは着るべききものがない。昭和では、しかるべき家庭に育ってしかるべきところにお嫁に行った女性は、結婚するときにそれなりのきものを揃えてもらったりしていたものだが、私はしかるべき家庭にも育たず、お嫁に行くなどという言葉には反発して、勝手に結婚したり離婚したりしたため、ある年齢に揃えられるべききものなど、もってはいなかった。母や祖母や親戚がありあまるほどきものを持っているという環境に育ち、よろこんで私にたくさん提供してくれるということもなかった。

そして、ふたつめ、私はきものの着方を知らなかった。私がだらしなかっただけではない。昭和三三年生まれ、この原稿を書いているいま、六〇代という老齢に達しているが、私の年齢の女性はおおよそ、きものの着方など知らずに育った。私たちの母の世代が、日常着としてのきものを捨てた世代であったため、また、伝統的なものは、捨てれば捨てるほどいいと思っていた高度成長時代のどまんなかに主婦をしていた世代であったため、娘にきものの着方なんか教える気は、さらさらなかったのである。おおよその私の世代の女たちと同じく、私は自分で自分の国の伝統衣装の着方を知らなかった。

そして、三つめ。私はきものの着方を知らないだけでなく、きもののことを何も知らなかった。きものにはどのような種類があるのか、きものの下着はどういうものなのか、何を揃えたら着られるのか、季節によってどうちがうのか、どうやって手入れして保管すればよいのか、なんにもわかっていなかった。

それでも私には、憧れがあり、憧れている姿があった。その姿といまの自分との間の乖離をできるだけうめたい、と考えていた。その憧れだけに導かれて、四五歳になった年にきものを着始め、二〇年が経つ。もはやきものは私の肌の延長のようになじんでいる。

ゼミの準備をしながら、自分が大学生っぽくなって、ちょっとうれしいんですよね、という女子大生と同じレベルで、私はうれしい。中年過ぎたらきものが着たいんだよなあと思っていて、晴れ着というより、日常着としてきものを着ることに憧れていて、きものを着て仕事をしたいと思っていた。これからも死ぬまで、私にはきものがある、ということがうれしい。いま何もなくても、憧れが自分を導いてくれる。そんなふうにして生きていけるんだと、きものが教えてくれたのである。

# 黄色

普段着きものには黄色の差し色。絶対そうだ、と思っている。

女子大の仕事にきものを着て出かけるようになって、二〇年経った。いわゆる普段着として仕事にきものを着ているのだ。この普段着きもののカギとなる色は圧倒的に「黄色」なのである。衿《えり》や、足袋《たび》や帯締め、帯揚げ……そういった小物にとにかく黄色いものが多い。私の好みで、黄色が好きですということのほかに、黄色は普段着に本当に合わせやすい色なのだと思う。

白い衿に白足袋は、きりっとしてなんともすてきなのだが、普段着として着ていると汚れる。もともと、白衿に白足袋は、フォーマルな機会のためのものだったと思うし、品のよい方、昔ふうに言えば、それなりの格の高い方がお召しになるものだった。日本民俗学の祖、柳田國男が白足袋の学者、というふうに言われていたことはよく知られている。民俗学者は、もちろん足で稼ぐ。とにかく足を使って歩き回り、調査をするから、当然白い足袋を穿いていると、汚れて大変なわけだが、柳田國男はそういう場合でも白足袋を穿いていた。

お茶のお稽古をしている人が、「お茶のお稽古のときは真っ白な足袋でないといけないので、大変ですよね」と知り合いに言われたという。これは、ようするに京都で「下駄、ええ音しますなあ」と言われたら「下駄の音がうるさい」と理解すべきだという京都風皮肉の延長線上の言い方と同じで、「お茶のお稽古のときには真っ白な足袋しか穿いてはいけない」というふうに翻訳して聞くべきことなのである。お茶席や、何らかのフォーマルな席では真っ白な足袋を穿かなければならない。だから、一昔前まで、白い足袋は、専門に洗ってくれるところが近所にあったと聞く。白足袋の方ということは、白足袋をよく穿く機会のあるような人であり、また足袋を誰かに洗ってもらうことができるような人である、ということも意味していた。

いまどき、ご近所に白足袋を専門に洗ってピカピカの真っ白にしてくれる商売はなく、また私の穿いた白足袋を、「奥様、洗っておきましょう」とせっせと洗ってくれる女中さんがいるはずもなく、白足袋を穿いて家を出たら、専属運転手が目的地まで連れて行ってくれて公共交通機関を使う必要などないというはずもないので、白足袋を白く穿くことは、自力更生で行わなければならない。白足袋を穿いたとしても外を歩き、公共交通機関を使わないと目的地に着けない現代的知能労働者（大学の教師など）は、必ず到着地で穿き替えるための、替えの白足袋をもつか、あるいは足袋カバーと言われる伸縮性のあるカバーを足袋の上から穿いてでかけるのだ。

白足袋を穿いている真っ白な指先は、必ず一〇〇%の割合で、電車で他人に踏まれる。だから足袋カバーが必須なのだが、この足袋カバーは、化繊でできていて、穿きやすく脱ぎやすいものなので、便利ではあるのだが、穿いているとすべる。草履の上で、つるつるすべるのである。いきおい歩きにくいし、危険でもある。六〇代以降「転ばないこと」は、健康上の最も気をつけるべき課題だから、「白足袋に足袋カバー」は、まことに危険な装いなのだ。とはいえ足袋カバーは温かくもあり、冬場にはこれ一枚穿くだけで指先がつめたくならない。仕方がないので、すべらないように工夫しながら歩く新しい鍛錬の機会と思うしかない。夏ならいっそ、裸足で出かけて、目的地に近いところでお手洗いにでも入って足袋を穿く、というウルトラCも試してみる甲斐はありそうだ。

そして穿いた後は、家で洗う。白い足袋を白く穿くために、インターネットなどにもさまざまな知恵の集積がみられる。友人は、入浴するとき、足袋を穿いて風呂場に入り、風呂場で、足袋を穿いたまま、せっせと足袋をブラシで洗う、と言っていた。型崩れもなく、足袋の裏も洗いやすいそうである。私は汚れないように気をつけた上で、穿いた後は、あっさり白足袋の裏にポイント用洗剤を塗って洗濯機で洗っている。こんながさつなことをするのだから、一番の対策は「白足袋は穿かない」ことなのである。だから、普段着としてきものを着るときには、私は「黄色」なのである（やっと黄色に戻ってきた）。

とにかく、黄色い足袋を穿いている。汚れが目立たないためだけなら、別に黄色じゃなくて別の色でもよいのだが、普段着として着る紬や木綿のきものには黄色が合う。普段着のきもの自体もやっぱりあんまり汚れないほうがいいから、いきおい色が濃いものを着ることになりやすい。教師として教壇に立つのがメインの仕事だったから、なんとなく濃い色のきもののほうが、気持ちも落ち着く。仕事にふさわしい色と思って安心するのだ。これはスーツを着て仕事をする女性が、おおよそは、紺とか黒とかベージュとかグレーとか、そういう色を着ているのと同じ心境かと思う（国会議員以外は真っ赤なスーツとかはあんまりお召しにならない）。いきおい紺や茶色の琉球柄のきものが、季節を問わず最も多くなり、そういったきものには、黄色い足袋はよくフィットする。

足袋も汚れるが、衿も汚れる。白い衿をかけていると必ず毎日洗わねばならない。普段着きもののときは、二部式襦袢《じゅばん》に美容衿を縫いつけているのだが、その美容衿も黄色いものをさがして付けている。白衿ほどには汚れないから、ときおり二部式襦袢ごとネットに入れて洗濯しているのだが「黄色い美容衿」、というのが、なかなかみつからない。いまのところ、手持ちのもので間に合っているが、使い古してしまったら、白い美容衿を紅茶か何かで染めて黄色っぽくしてみようかと思っている。

足袋と衿が黄色ならば、帯揚げと帯締めも黄色っぽい方がよく合う。帯揚げは無地の黄色いものを何本か持っていて、使いまわしている。帯締めは、東京は上野、池之端の道明さんの冠組《かんむりぐみ》のものしか使わないのだけれど、うっとりするくらいいろいろある黄色系の帯締めのなかで、「支子《くちなし》」、「山吹《やまぶき》」、「鬱金《うこん》」、「黄朽葉《きくちば》」の四色を、季節ときものと気分に合わせて使い分けている。「山吹」の帯締めなどは、きもの生活二〇年ですでに何本か、擦り切れるほど使い倒してしまった。これからの人生で、何本「山吹」の帯締めを買うことができるだろうか。人生に寄り添う山吹色、共に生きる黄色、なのである。

# 名古屋帯から始める

帯は難ものである。

きものを着たいと思っても、帯が自分で締められない、むずかしいと思う方は少なくないと思う。きものを着る人自体がこれだけ少ないのだから、実際に自分で帯なんか締めたことがない人がほとんどであろう。きものをもっと着ましょう、もっと普及させましょう、というときにはまず、帯を簡単につけられるようにしましょう、という方向に行く。その思いは素晴らしいと思うし、そのようにして工夫された付け帯の数々はほんとうによく考え抜かれている。帯というのは文字通り、長いものをまきつけていって、締めて、形を美しく整えて使うのであるが、付け帯は、すでにお太鼓などの形になっている。体が不自由な方にはとりわけ便利なものであり、きものをたまにしか着ない人にもまた、使い勝手がよいかもしれないが、きものを日常に取り入れてしまうと、あまり使わなくなってしまう。やっぱり帯は、毎日、すこしずつちがうふうに「締める」ところに妙味があり、作る形も同じでないところがいいのだな、とわかってくるからだ。

帯など一度も締めたことがないというきものの初心者が、まずすすめられるのが半幅帯である。浴衣などに締めるものだ。私もきものを着始めた頃は、まず半幅帯を練習してくださいといわれて、半幅帯を締め始めた。だが、これがなかなかにむずかしい。それなりの年齢になって半幅帯を締めるのであれば、まずすすめられるのは「一文字むすび」といわれるもので、うしろからみたら、半幅の帯の上に、蝶々結びがまっすぐになっているものがのっているように結ぶ。浴衣での日本舞踊のお稽古なども、この一文字むすびが多いらしい。ぎゅっと帯を締める感覚がよくわかるし、後ろ姿もきりっとしているし、なかなかいい練習にもなるし、すてきなものでもある。しかしやってみればわかるが、この「ピシッと一文字状に帯を結ぶ」というのはけっこう、ハイレベルで、初心者がみんなほいほいできるとは思えない。

「片花むすび」という、リボンの輪を片方だけ作って、もう片方は垂らしておく締め方は、一文字むすびよりはハードルが低い。これも帯をぎゅっと締める感覚がわかりやすい結び方のひとつで、一文字よりも、アレンジもしやすいし、形もごまかせる。初心者向きなので、若い人に浴衣の着方を教えてくださいといわれたときなど、おすすめしている。ただし、なにぶん後ろ姿がかわいらしくなりすぎるので、「奥様」（いまでは好まれない言い方かと思うが、きもの界ではゆるされていてほしい）以上の年齢なら、やっぱり、片花より一文字のほうがふさわしいと思う。

この「一文字」も「片花」も、結果としてけっこう後ろにボリューミーなものができあがるので、踊りのお稽古などにはよいかもしれないが、椅子に座って仕事をしたり、車に乗ったりするとちょっと邪魔になり、きもので仕事をするにはあまりおすすめできない。あまり背中側がボリューミーにならず、割とペタンとした感じの半幅帯の結び方のほうが、邪魔にならない。「貝の口」や「矢の字」は、背中がおとなしい感じになるので、背中に蝶々結び（一文字も片花もようするに、蝶々結びの延長のようなものなので）など背負うのは気恥ずかしいというきもの好きにも愛されている結び方だと思う。しかし、この「貝の口」や「矢の字」の締め方がまた、いうほど簡単ではない。帯を締めるということがよくわかっていないと、ゆるまないように上手に仕上げるのは（やってみるとわかるけど）、至難の技である。

ようするに、半幅帯を上手に締めるのは、初心者にはむずかしい。結び方自体もそんなに簡単ではないし、ごまかしがきかないので、なかなか難易度が高い。半幅帯というのは半幅帯一本で締めていき、それで終わりなので、お太鼓結びをするときのように、帯枕や帯揚げや帯締めで、適当にごまかしながら形を仕上げることができない。一発勝負であるということだ。しかも、それだけ苦労して仕上げたとしても、所詮、半幅帯は、カジュアルな装いなので、そのまま半幅帯で出かけるというのは、浴衣以外にはふさわしくない。言ってみれば、半幅帯で仕事に出かけるのは、Tシャツで仕事に行くようなものである。

半幅帯で仕事に行くなら、半幅帯を締めて羽織を着ることになる。逆にいえば、半幅帯がうまく締められなくてもなんとか後ろでとめてさえあれば、羽織を着ればわからないので、「半幅帯に羽織」姿は、初心者におすすめである……と、私も一〇年ちょっと前には自分でも書いた。羽織はジャケットのようなものなので、コートとはちがうから、室内でずっと着ていてもかまわないので、仕事には便利である、などと言った覚えもある。

しかし、しかし、である。いまどき、羽織なんか着るだろうか。流行がないように見えて、きものにも流行がある。いますでに還暦を過ぎた私の、祖母の世代（明治生まれ）には、丈の長い羽織はすごく流行したことがあるようだし、母の世代（昭和一桁生まれ）には、子どもの入学式や卒業式には、まず、黒の羽織を着て出かけていたものだった。だいたい流行ということを別にしても、母以上の世代にとって、きものは、何か上に「羽織もの」（羽織のみでなく、すべての上に羽織るものをさす）を着て出かけるもので、羽織でなければ、道行《みちゆき》といわれるコートやショールを必ず着ており、羽織ものなしででかけることは、帯付きで出かけると言って、品がないとされていたようである。しかし、きものを着ること自体がけっこうおおげさになってしまういま、羽織姿は本当に少なくなったし、なんだか重たい感じがして、まあ、一言で言えば、流行らないのではあるまいか。きものを着て仕事をしてみようと思うときに、「半幅帯に羽織」は、かえってハードルが高いような気がする。

まずは着付けは半幅帯よね、そこから練習よね、といって半幅帯から始めると、いつまでたってもうまく結べず、そこをごまかそうとして、羽織を着て出かけると、なんだか大げさすぎてすっきりせず、やっぱりきものは、無理か……ということになりやすい。だから、半幅帯から始めず、ここは大変そうに見えても、まずは名古屋帯でお太鼓をむすぶということから始めた方がよい。手順はそれなりにむずかしいし、帯揚げに帯枕に帯板に帯締めなど、あれこれ揃えなければならない。が、あれこれ揃える分だけ、ちょっと不都合ができたときには、あとからごまかせるパーツが増えたと、すぐに思えるようになる。ちょっと締め方が足りなかったけれど、最後は帯締めでぎゅっと締めてしまったらそれなりに形がついたとか、できるようになるのである。

それに、名古屋帯さえ締められれば、仕事やちょっとしたお出かけには、もうそれだけでパーフェクトとなり、羽織に頼らなくてもよくなる。そうやって慣れてきたら、そのうち半幅帯も上手に締められるようになる……という順序の方が、きものが楽しくなるのではないかと思っているのだ。

# 心を映す色無地

何を着ていくのか、迷ったら色無地だろう。出て行く場所がどこであっても、寒色系の色無地さえ着ていれば、おそらく大丈夫で失礼にならない。寒色系の色無地とは、具体的にいうと、紫とかグレーとか紺色とか濃い緑などの色無地である。前述のように仕事をする女性が黒や紺などのスーツを着ていれば問題はなかろうというのと同じで、寒色系の色無地は失礼にならないきものである。とにかく、こういった色の一つ紋の色無地を着て、適切な帯を締めていれば、どこにでも行ける。

色無地とは、文字通り、無地のきもの、柄が何にもない、単色のきもので、「やわらかい」染めのきものである。きものには「やわらかい」きものと「かたい」きものがあって、「やわらかい」きものは、絹の生糸でおられた白い生地に、色をあとからつけて染めていく。「やわらかい」きものは、だから「染めのきもの」とも呼ばれる。いわゆる正式な場所、つまりは冠婚葬祭、入学式、卒業式、何かの授与式などと呼ばれるような場とか、お茶席など格式が求められているところには、「やわらかい」きものを着ていくことになっている。

逆に糸を染めてから織り上げるきものが、「かたい」きもので、絹や木綿や麻やウールなど、素材はいろいろある。きもの好きを魅了してやまない紬のきものも「かたい」きものの仲間である。「かたい」きものは、文字通り、ちょっとごついかんじで、マットな触感で、あたたかみがある。「織りのきもの」とも呼ばれる。「かたい」きものは、扱いとしては普段着である。だから「式」に着るきものより安価かと言われるととんでもなくて、結城紬や大島紬、さまざまな草木染めのきものなど、びっくりするような値段がついていることも、ままあるが、こういったきものは「式」のつくようなところには着ていくことはできない。

おおよその「かたい」きものは文字通り仕事にはむくので、ふだんはそういうきものを着ていればよい。それでも何を着たらいいのか、ちょっと迷うことがあったら。そういうときにふさわしいのが色無地なのだ。いまはきものを着ていること自体で目立ってしまうのだが、色無地を着ていると、それほど目立たないでいられる。少しでもフォーマルな席では紬は着られないし、花柄のやわらかい小紋のきものもちがう。そんなときには、とにかく寒色系の色無地。そこに献上柄の博多帯を締めれば、おおよその仕事の場では、まず問題がない。気持ちに合わせて帯揚げや帯締めを明るい色のものを使ったり暗めの色のものを使ったりすると、洋服でいえばダークスーツに白いブラウス、少ししゃれたスカーフに近い、あまり目立たないがシックな装いに仕上がって、不安がない。一つ紋のついた色無地に博多献上の帯はカジュアルすぎてふさわしくないという意見もあるようだが、そこはお許しいただけないか、と思う。

二〇〇三年にきものを着始めたとき、きものメンターたる友人にまず仕立てることをすすめられたのも、一つ紋のついた濃い紫の色無地であった。きものを日常着にしようと思い立って、自分のお金で仕立てたきもの第一号が濃い紫の袷《あわせ》の色無地、もう二〇年着ているわけだが、まだ大活躍している。四〇代半ばで日常的にきものを着始めた当初、教師という職業柄からしても、訪問着や色留袖など、いわゆる華やかなきものは、自分が目指すところではないと思っていたので、買う気もなかった（その後、そういうものも必ずほしくなってくるのが、きものの道のおそろしいところなのではあるが）。

結婚式にも、この紫の色無地一つ紋に重ね衿をつけ、金銀の入った袋帯をして、出かけていた。不祝儀には、喪の帯を締めて出かけ、日常的な仕事にも、すでに書いたように、博多帯を締めたり、塩瀬の染め帯を締めたりして出かける。この紫の色無地は、合わせられない帯はない、というくらい万能なのであった。その後、うすいグレーや、緑などの色無地も持つことになるが、この濃い紫一つ紋のきもの以上に活躍することはなかったと思う。

教師なので、いろいろな場に居合わせる必要がある。在学中に亡くなった学生さんの親御さんに卒業証書をわたす、という場に居合わせたことがある。不慮のできごとで亡くなられ、本当に悲しく、さびしいことだったが、卒業に十分な学びは重ねておられた。その日々をしのび、関係者のみで、ささやかな卒業証書授与のあつまりをすることになった。親御さんにはなんどかお目にかかっており、この日も心からのお悔やみの気持ちと同時に、そこまでがんばって学び、卒業にいたるまでの努力を積み重ねた学生さんの充実した日々にも敬意をあらわしたい。若くして亡くなることは、本当に悲しく、とりわけ親御さんのお気持ちを思うと、ただつらい。しかし、どのような生も、多くの人に喜びをもたらし、豊かな関係性のうちに存在していたものなのだから、その日々は、ことほぎの思いとともに語られるにふさわしい。

このときも、この一つ紋の紫の色無地のきものに私のお悔やみと敬意をこめたい、と思い選んだ。さて、どんな帯をつけたらよいのだろう。お悔やみの喪の帯も半喪の帯もちがう。博多や塩瀬では軽すぎる。袋帯をつけると派手すぎて、それもまたお悔やみの気持ちがあらわせないような気がする。私のきものメンターである日舞の師匠で着付けの教授である友人に相談すると、「派手さのない白っぽい銀色の袋帯」がよいだろう、という。そのような帯があれば、私の気持ちをうまくのせられるような気がする。自分では持っていなかったが、日舞を仕事とする若い友人が「私のお気に入りの銀の袋帯がお役に立てると思います」と言って、貸してくれることになった。袋帯ではあるが、厚みもあまりなく、とてもやわらかく、しなやかで、全体が薄い銀色である。地模様もおちついていて、華やかさはあるのに、少しも派手さはない。こういう帯があるのだ。

その日は、紫の色無地に、このやわらかい銀色の袋帯を締め、白い帯揚げに白い帯締めで参加した。卒業後の日々を重ねることはできなかったけれど、あなたがこの学び舎に来てくださってよかった。ここで学んだ日々と、紡いだ人間関係は、あなたがいなくなっても、決して消えることなく、この学校の織りなす日々に組み込まれ、記憶され、ここに続く若い人たちに必ずやよき影響を与え続ける……そういう思いを、紫の色無地と銀の帯にうつしとってもらったようで、私は、その場にいることがゆるされている気持ちになることができた。

# きものと電車

　また電車で席を譲られた。制服を着たかわいらしい女子高生が、「どうぞ」と言ってくれる。「あら、つぎで降りるから大丈夫よ」と言いつつも、せっかく譲ってくれたのだから、素直に座る。若い女性の気持ちが、ありがたくうれしいからである。しかし、私が席を譲られていていいのだろうかという気持ちは、ないわけではない。還暦は過ぎているし、高齢者カテゴリーに入る年齢になりつつあるし、電車の席はあいていたら座るほうだし、孫のいる年齢、つまりはおばあちゃん年齢であることに、まちがいはない。しかし、元気な八〇代以上が、めずらしくもなく、一〇〇歳以上の人口が九万人を超える高齢化日本にあって、私が席を譲ってもらっていいのだろうか。

　席を譲ってくれるのは、高校生か中学生、制服を着ている若い人たちであることは、ほぼ一貫している。そして席を譲られるのは、必ず、きものを着ているときであることを考えると、どうやら彼女たち、彼らは、きものに反応しているようである。「きものを着ている人」＝「老人」＝「席を譲るべき人」。あるいは、「きものを着ている人」＝「大変な思いをしている人」＝「席を譲るべき人」という認識なのではあるまいか。そう思うのは、席を譲られるのが六〇をすぎたいまに始まったことではないからである。

　きものを日常着として着るようになったのは、四五歳のことだった。はっきりと覚えている。いつかはきものを着たい、いつかはきもので仕事をしたい、いつかは自分でさっさと着付けができるようになりたい、そう願っていたのが実現したのが、四〇代半ばだった。きもののことをなんでも教えてくれる親しい友人ができて、もう靴を穿きたくない、と思うことがあって、それくらいの年齢になると、研究者といった比較的自由な服装が許される職場であれば、何を着てもいいんじゃないか、と思えるようになって、きものの生活に突入した。そして、きものを着るや、席を譲られるようになった。最初は「どうぞ」と言われているのが、自分とは思わず、周りを見回してしまった。

　年齢というのは不思議なもので、自分の年齢をそのままに受け入れるのは、簡単なようでむずかしい。若い頃は年上に見られることは少し誇らしいもので、一〇代後半や二〇代では、「え？　そんなに若いの？　そうは見えないなあ、落ち着いていて」みたいに言われると、うれしかった。それが三〇代も半ばをすぎてくると、実年齢より上に見られると若干の衝撃をうけるようになり、それこそ四〇代半ばをすぎると、絶対、歳より若く見えたい、と思うようになってくる。だから中年以降はいっそう、おしゃれをしたり身だしなみをととのえたりを、力を入れてするのである。だから「電車で席を譲られる」のは、とりわけ男性にとっては、ショックだったりするようだ。

六八歳で亡くなった夫は、六〇歳で定年退職していたのだが、退職直前、職場からの帰りの電車で席を譲られたことを、憤りを込めて語っていたのであった。オレが立っていたら、前の席の若い男が、座ってくださいというんだよ、バカにしてるよな、オレがそんな年寄りに見えるのか……。本当に腹が立った。座ったかって？　座るわけないだろ……。彼は特に老けて見える人でもなかったのだが、一日の終わりには、実にくたびれた顔を見せる人だったから、おそらく帰りの電車で前に座っていた若者は、前に立っているおじさんがあまりに疲れているから気の毒になってそう言ったのだろうに。せっかく席を譲ろうとしたのに、おじさんに憮然とした顔をされた若者の心を思って、気の毒になってしまった。

七〇代の男性の知人は、いつも和装で、着流しか、作務衣《さむえ》を着ているのだが、彼もまた、ある日「前にいた若い女性に、どうぞと席を譲られた、こんなことは初めてで、実にショックだ」と、わざわざ、それだけのために連絡してきた。七〇代なのだから、まあ、譲られてもいいと思うのだが。その日は着流しではなく、作務衣であったらしい。「あのね、考えてもみてくださいよ」と私は言った。「いまどき、きものなんか着ているだけで、珍しすぎるんですよ。女の人でもめずらしいのに、ましてや男の人のきもの姿なんか、若い人は日常的に見ることはないんですからね。時代劇か絵本かマンガの中でしか、見ていませんよ。だから、着てる人はみんな、時代がかった『年寄り』って思うんですよ、きっと……。作務衣を着てらしたんですか？　それはもう、若い人には『花咲か爺さん』にしか見えていませんから」。

本人は、「花咲か爺さんか……」と、しばし考え込んでいた。次に彼に席を譲る若者に、気まずい思いをせずにすんでいるとよいのだが。

四〇代からきものを着て、四〇代から席を譲られている私は、席を譲られ慣れている。きものを着続けていると、年齢より上に見られる、あるいは、「ご苦労様であるな」といった若い人からの、そういう視線に慣れてくる。

以前、きものを着続けていると、年を重ねることがこわくなくなることがあって、それはいいことだ、と書いたことがある。簡単に言えば、洋服ならば、年を重ねるに従って、似合うものがちがってくる。だからよほど考えて着ていないと、大きな勘ちがいになることもあるし、だいたい、若い頃に着ていたものをずっと着ることはできない。きものなら四〇代くらいで着ているものは、おそらく死ぬまで着ても構わない。だから、これを着て老いていけばいいと思うと、こわくないと思っていたのだ。

しかし、それは同時に、きものさえ着ていれば、どう見られたっていいや、みたいなところに落ち着いてしまい、自省ができなくなるということと同義であったりする。つまりきものを着ていたら、どう見えているか、誰も何も言ってくれない、ということでもある。席を譲るくらいしか反応が思いつかないだけなのかもしれない。席を譲ってもらって、ほいほいありがとうって座ることに慣れているだけでは、単なるきもの婆さんになってしまうぞと、自重する今朝であった。きもの婆さん？　上等じゃないか、などというところに、居座ってはいけないのである。

# 猫の手

「猫の手も借りたい」というのは、とても忙しいときには、非力でもいいから加勢してほしいという意味だと思っていた。ああ、猫の手でも借りたいわね、ほんとうに、仕事が終わらなくて……みたいな意味で使うのだと思っていた。猫を飼い始める前は。

猫を飼い始めて、「猫の手」というのは、「非力である」ということではなくて、「邪魔しかしない」というものであることがよくわかった。猫は気ままだからこちらが呼んでも来ない。しかし、自分が来たいときにはどこでも来る。だいたいパソコンでこうやってキーボードをたたいていると、どこからともなくあらわれて、「猫の手で」キーボードをおさえる。ほおっておくとキーボードの上に座り、スクリーンに頭をもたせかける。仕事ができなくなる。こんなことは猫と共に暮らしてきた人にはごく当たり前の日常なのだろう。しかし、幼い頃に猫アレルギーがあって、おそらく自分は猫が飼えないだろうと思っていた私には、知らないことだらけだったのである。新型コロナ・パンデミックによるステイホーム月間とともに、我が家に犬と猫がくることになったら、アレルギーでなくなっていることがわかったのだ。

猫がものすごくはりきるのは、きものを出しているときである。きものを着ようと、下着やら紐やら帯枕やら帯締めやらいろいろ用意しているとその気配を察して、猫がたたたと、走ってくる。たらりとたれさがったものとか、ふわりと動く布とか、端的に紐とか、そういうものが猫は大好きなのであって、きものを着る作業は猫にとってパラダイスであるようだ。裾除け（腰巻き）をつけようとすると、ついている紐に、はしっ、と手を出す。長襦袢につけている美容衿のさきが引けない、と思うと、端っこに猫がぶら下がっている。長着（きもの）を羽織ると、猫がとびつく。帯にツメ、たてないで！　帯締めを手に取ると、もちろん、また、はしっ、と猫の両手が帯締めをつかむ。猫の手、いりません。「猫の手も借りたい」というのは、「非力なものでも、力を借りたい」ではなく、正しくは、「邪魔しかしないようなものであっても、力を借りたい」ということなのであった。おそらく。

きものを着るときだけではなくて、もちろん、片付けるときにも猫はやってきて、「猫の手」で、あの紐、この紐をおさえ、たとう紙の紐にとびつき、たんすの引き出しにとびこもうとするのである。邪魔だってば……。ことほどさように、猫は紐が好きであり、きものライフには紐が多い。

洋服を着るときと、きものを着るときのもっとも大きなちがいのひとつが、この猫の喜ぶ「紐」系のものの多用である。立体的に裁断、縫製してあり、ボタンやファスナーで、からだにぴったりするようにつくられている洋服には、からだをその洋服にあわせて、「入れていく」のであるが、きものは直線の布地のままで、立体的にはなっていないから、自分のその日のからだにあわせて、紐でまきつけていく。きものが敬遠される理由のひとつが、紐の多さかもしれない。猫は喜ぶが、人間はいやがる。着付けをしてもらったときに、何本も紐が巻かれるので苦しい、と思った人も多いのではあるまいか。

仕事の際にはいつもきものを着ているので、とにかく、ラクに着ること、着ていて快適であることが第一である。いきおい、使う紐は少なくなる。少ないほどよかろうと思う。きものを日常的に着るようになって二〇年、「腰紐一本だけ」の着付けで、落ち着いている。腰紐をかけたあと、着付けにもう一本紐を使うが、その紐は帯を締めて、着付けができあがった後は抜いてしまう。伊達締めやコーリンベルトなどは使わず、着付けが出来上がった時点では、ほんとうに「腰紐一本だけ」使っている状態である。

「腰紐一本だけ」の着付けは、着物研究家、笹島寿美《ささじますみ》さんの本で学んだ。この方法を知らずにいたら、きものを日常着として着ることにはならなかったのではないか、というくらい画期的なものだった。くわしくは、笹島さんの着付けの本を参照していただきたいが、きものは摩擦の大きな〝布〟を重ねていくのだから、きちんと重ねて空気を抜きながら着付ければ、着崩れることがない、という発想に基づいている。

まず、きものを着て、腰紐はしっかり締める。ここはどうしても必要で、腰骨の上か、人によってはもう少し上で、きゅっと締める。この締め方の塩梅《あんばい》、つまりはどのくらい締めればゆるまずに着ていられるか、苦しくないかというのは、なんども自分で締めて感覚を覚えていくしかないのだが、これは慣れればそんなにむずかしくない。自分のその日のからだときものの材質で、ぴたっときまる締め具合が必ずわかるようになるので、大丈夫。

そのあと、胸元をきものの布の流れに合わせて空気をぬきながら、胸紐をかける。これから帯を締めるので、帯を締めている間にきものの胸元がずれないように、「仮どめ」をするための胸紐である。帯を締めた後に、その胸紐を抜くことができるように、紐の端は、おはしょりの上あたりで軽く結んでおく。そうして、「仮どめ」をしてある状態で帯を締めていく。帯も、布の流れに合わせて空気を抜きながら、締めていく。帯が締め上がったら、さきほどの「仮どめ」をしていた胸紐は、おはしょりのあたりから、抜いてしまうのである。そうすると、胸元があまりきっちりした感じにならず、ふわっとやわらかい感じで仕上がり、着崩れたりはしないけれど、こなれた感じの着方になる。それに、だいたい、胸元に締めている紐がないから、着ていて本当にラク、なのである。

きものになじみのない方は私の書いていることがなんのことやらさっぱりわからないと思うのだが、とにかく、ぎゅうぎゅう紐をたくさん締めることなく、きものを着ることができますよ、ということで、そういうゆったりした着方のほうが、自分もラクだし、他の人から見ても、ゆったりした着方にみえて、なかなかよろしいですよ、ということである。

きものになじみがあり、ここに書いていることはだいたいわかるけれど、詳細が不安な方は、ぜひ、笹島寿美さんの着付けの本を見ていただきたい。いろいろ参考になる写真付きの本（『初めてでもピタッと決まる！　笹島式らくワザ着付け術』など）をたくさん出版なさっているので頼もしい。この方法なら胸元の紐も、伊達締めも、普段着ている分には必要がないということになる。名古屋帯でお太鼓にするときには、実際に胸元には胸紐がなくても、帯枕やら、帯揚げやらで、胸元を安定させるような「紐類」を結果として使うことになるし、最終的には帯締めを締めていれば、帯はそこでとまるし、ずれない。それらひとつずつを、余分な空気をぬきながら、着付けていく。慣れれば、それは楽しみでもある。

そして、いくら「紐」をなるべく少なくしても、結局ひらひらした帯揚げとか、房がふわふわの帯締めなど、猫にとって魅力のあるものにはことかかないきものの着付けであるから、きょうも、猫が「手を貸しましょうか」と寄ってくるのである。

# 雨と雪

気温が下がってきた。きものを着ていると「寒くありませんか？」とよく聞かれる。夏には、よく「暑くありませんか？」と言われていた。雨の日には「おきもの、大変ですね」と言われる。ようするに、いつだって「たいそう」にみえて、「大変」にみえる現代である。日常着としてきものを着るようにしようと思うと、そのように誰からも一言いわれる、ということを覚悟しておいた方がよい。

二〇年前、よし、きものを着るぞ、毎日着るぞ、仕事もするぞ、ずっときもので暮らしていくぞ、という固い決意をかためた。その頃は、いま思えば、かなり意地になっていたところもあったのだ。きもので生きていくことに決めたので、洋服はいらないとも思っていたし、現実に二年か三年くらい、一切、下着にいたるまで、洋服を買わなかった。どんな天候であってもきものを着られるようにきものの支度を揃えよう、とした。

雨が降ったくらいできものを着ることをあきらめる気はなかったので、まず、雨支度を調えた。当初、足元はビニールのつまがけがついた利休下駄を履いていた。下駄だと接地面からかなり高くなるので、足元も濡れず、なかなか快適である。下駄はそれなりに風流なもので、雨の日に利休下駄を履く自分というのがけっこう気に入っていた。でも、ほどなく利休下駄はやめることになった。現代日本の道は、ほとんど舗装されている上、屋内も結構ツルツルしているところが多いから、利休下駄を履いていると、すべる。転倒は、高齢者がいちばん気をつけなければならないことのひとつだ。

加えて、下駄では「行けないところ」というのがあることもわかった。きものの世界で下駄は必ずしも草履と比べてカジュアルというわけではなく、芸者さんなどもけっこうひんぱんに下駄を履いている。それでも下駄では「ホテル」に出入りできない。ホテルで会食の予定があるときは、下駄は履き替えないといけない。こういった不安や不便があるため、雨の日の下駄は、ほどなくあきらめ、草履のつま先に透明なビニールのかかった「雨草履」を履くようになった。

きものそのものも雨に弱い。やわらかいきもの、色無地とか小紋とか付け下げとか訪問着とかは、もうとにかく弱い。濡らしてしまうとしみになるし、縮むので、絶対ご法度である。そういうきものを着なければならないときは、がっちり、いわゆる「雨コート」を着なければならない。しかし、雨が降りそうなときには、そのようなきものはやめておけばよいだけである。紬など織りのきものは、やわらかいきものよりは若干水への耐性は、あるようにみえるが、それでも雨コートが必須である。絹でできたきものは、雨の日には向かないのだ。季節によっては、雨コートは、大仰な感じになってしまうので、雨の日の仕事や日常には、木綿のきものに木綿の帯をつけるようになった。木綿の単衣《ひとえ》帯は、八重山のミンサー織などが少々濡れても安心である。ということで結局、雨のときは、濡れてもかまわないきものを着て、雨草履を履く、というスタイルになってきた。

濡れても大丈夫で、簡単に洗える、ポリエステルの「洗えるきもの」もあるが、結果として化繊のきものは一枚も手元に置いていない。きものを着始めた頃、何枚かいただいたし、その中には実にすてきな柄ゆきのものもあったのだが、ずっと着るには至らなかった。化繊のきものは紐を締めても生地がすべすべしているので着崩れしやすく、何より、あまり快適ではない。きものはやはり絹や麻や木綿といった植物素材の風合いをまとうことを楽しむものだ、と思うに至ったということだろうか。

きものを着始めた頃、雨の日にも着るのだから、雪の日にもきものを着たいと思った。そうはいっても、雪国に住んでいるわけではなく、首都東京に住んでいるので雪が降る日、雪が積もる日というのは限られている。その限られている雪の日にもきものので暮らしたいと思ったから、当時、ただ一人だけ残っておられた新潟の雪下駄職人のつくった雪下駄を手に入れ、履いていた。雪が積もっていると、下駄の歯と歯の間に雪が挟まって、歩けなくなるので、雪下駄には、そのような状況になることを避けるいろいろな工夫が地方によってされていた。新潟の職人さんの雪下駄は、高さはあるものの、前の歯がなく、うしろの太めの歯に向けてなだらかな局面になっていて、雪がたまりにくい。赤いつまがけに、アザラシの毛皮がちょっとだけついていて、大変かわいらしかった。きものを着る人が減って、職人さんもおられなくなるのだなあ、雪下駄もいずれ手に入らなくなるのだなあ、とおよそ一五年くらい前、大変、残念に思っていたが、インターネットの普及とともに、雪下駄を求める人も増えたようで、現在はネットで、前より手に入りやすくなっているようだ。

ことほどさように、雨の日も雪の日も、工夫してきものを着ていた。「きもので生きる」ことにきめて、ちょっと意地になっていたのである。この時代に、きもので通そうとすると、まあ、初めにはそれなりの意地も必要であったと思うが、便利な洋服も、すべらない長靴もブーツもいくらでも手に入る豊かないま、なぜ、そんなにがんばってきもので大雪の日に出かけなければならないのだろうか。私の性格上の問題なので、そんなに意地をはらなくてもよいと思い直し、最近は、洋服も買うし、それなりに着るようになった。きものを着るのは別に我慢大会でもなんでもなくて、快適で心地よくて、気持ちよくて、着ていてうれしいから着るのだ。そんな本来の姿に二〇年近く経ってようやく気づいている、というところか。大雪の日には、防水ダウンコートに分厚い靴下に、すべらない長靴で出かけるのがよかろう、という素直な気持ちにやっとなれたのだが、何ごともやりすぎな性格はあまり変わっているように思えず、なかなか中庸に落ち着いていけないのに、歳だけは取るのである。

# とっておきのきもの

きものが好きな人なら、とっておきのきものというのがあるのではないだろうか。きものがたいして好きではなくても、ちょっと年齢が上の方なら、結婚するときに親が用意してくれたきものの中に、とっておきのものがあると思う。

とっておきのきものとは、もちろん普段着として着ないで、ここぞというときに着るものだ。きものは用途が決まっているのである意味、大変わかりやすい。礼装、準礼装、おめでたいときに着るもの、お悔やみのときに着るもの、すべて決まっている。決まっているので大変だ、という向きもあろうが、決まっているというのはある意味、たいして考えずに決まったときに決まったものを着ればいいので年齢がいくほどラクに感じる。決まっているので悩まなくていい。

たとえば、既婚女性の第一礼装は黒留袖、未婚女性の第一礼装は振袖、と決まっている。いまどき結婚しない人も多いから、生涯振袖を着ていいかと言われると、よほどの力と勇気がないと、ちょっとむずかしい気がする。作家の宇野千代さんは、何度も結婚されているが、九〇代でも振袖を着ておられた。あれほどの愛嬌と実力と自信がないと、やっぱり振袖は生涯着られない。だからおおよその人にとって、振袖は若い頃のもので、成人女性の第一礼装は黒留袖ということになるのだと思う。黒留袖には五つ紋が付く。

成人女性の黒留袖といっても、いまや、黒留袖を着る機会は子どもの結婚式くらいしかない。実際、多くの人は黒留袖を「結婚式の母親や祖母、親戚筋の女性が着るきもの」と認識していると思う。それでまちがいではない。私もそう思っていた。第一礼装といえば、結婚式くらいしか思い浮かばなかった。しかし、第一礼装だから、自分が主人公で大変おめでたい席にも、着てもよいものなのだ。

教師なので、還暦を迎えたときに卒業生たちからお祝いをしてもらうことになった。卒業生の中にはとてもまめな人がいて、卒業したゼミ生全員のメーリングリストを作って管理してくれている。そのメーリングリストを使って、還暦祝いを呼びかけてくださった。週末に一〇〇人近い卒業生があつまって、お祝いをしてくださることになった。ありがたいことだ。さて、日常的にきものを着ているので、こういうときにも、もちろんきものを着るのであるが、何を着るべきか。

卒業生の中には、染色家で人間国宝の志村ふくみさんに弟子入りしてきものを織っている人もいて、彼女が私のために糸から桜や梅や冬青《そよご》で染めてくれた淡いピンクの紬の着物があるので、当初はそれを着ようかな、と思っていた。いつも困ったときに相談するきものメンターの友人に相談したところ、「還暦祝い？　卒業生が一〇〇人？　それは、黒留袖でしょう」と言う。結婚式の黒留袖は、白い帯揚げに白い帯締め、あるいは金銀の帯締めなどをつけるのだが、友人曰く「自分がお祝いされるのだから、黒留袖に、帯は派手で華やかなものにして、帯締めや帯揚げは礼装のものでなくてよいので、派手に〝遊んで〟みたらいい」という。つまり結婚式に装うような黒留袖の装い方から少し崩して、大いに楽しくて派手な格好をすればよい、というのである。

なるほど。いわれればその通りである。第一礼装とは人をお祝いして礼を尽くすときに使うという意味だと思っていたが、盛大にお祝いしてくれる人がいて、自分が主人公なら、それはお祝いしてくれる人に最大の敬意を表するために、こういうときにこそ使っていいものでもあるのだ。知り合いにいただいた、彼女のお母さんのものだったという、若干、裄《ゆき》が短いが、菊などの模様が大変華やかな、ひと昔前の黒留袖を着て、一面に金の千羽鶴の模様がある帯を締め、還暦なので、赤い帯揚げをして、赤い帯締め、というものすごく派手な装いをした。こんな格好、まあ、ほかの場所ではできないが、卒業生たちが大勢で祝ってくれるのには、ふさわしいものとなった。祝ってくれた卒業生たちと、アドバイスをくれた友人には感謝するばかりである。

さて、「とっておきのきもの」の話をしていたのだ。黒留袖はさておき、とっておきのきものというのは多くの場合、訪問着ではないか。美しい絵羽模様（着物の縫い目で途切れることがなく一枚の絵に見える柄）の訪問着は、まさに一枚の絵であり、芸術品である。すべて絹でできていて、手が込んだ模様が描かれており、博物館にも展示できるような、こんな贅沢な衣装は、世界にも例があるまい。そういうとっておきの訪問着であるが、「とっておき」であるがゆえに、ほんとうにとっておいてしまう。人生のなかで数回だけ、あるいは、誂えたものの着る機会がなくて、一度も着ていない、袖すら通していない、ということも少なくないのではあるまいか。

そんなふうに持ち主が楽しむことがなかったとっておきのきものが、リサイクル店やメルカリなどで中古として出回っている。購入したときの価格のおそらくは一〇分の一、二〇分の一以下の値段で出回っている中古市場の訪問着をみると、なんだか、悲しくなってしまったりするのである。

とっておきのきものは、とっておかないで、着たほうがいいと、しみじみ思うようになった。とっておいている間に、人生が終わるなというのが、実感として感じられるようになったからだ。

大学教員で、ずっときものを着て仕事をしていたが、大学に通っているときは、さすがに訪問着を着て大学にいくことはなかった。質実剛健な女子大として知られている私の職場では、卒業式や入学式にも一つ紋の色無地くらいが相応しいような気がしていた。ところが二〇二〇年の新型コロナ・パンデミックで、想像もつかなかったオンライン授業を行うことになり、家できものを着て講義をするようになると、かえって、とっておきのきものを着るようになったのだ。オンライン授業で家から出ないから、とっておきのきものを着ても、きものが汚れることがない。それに、オンライン授業だから、上半身しか学生には見えない。それならばと、上半身に華やかな柄ゆきがあるとっておきの訪問着を着て講義をしていた。そこに美しいバーチャル背景を選んで話していると、けっこう気分がいい。

革命後、女性に人民服を着させた毛沢東とは対照的に、ベトナム革命を指導したホーチミンは、「アオザイをしまっておかないで、着なさい」と言った、といわれている。

世界で最もセンシュアルでエレガントな衣装、アオザイは女性をとても美しく見せる。とっておきの衣装をとっておかないで着なさい、といったホーチミンはすてきだなと思いながら、派手な訪問着を着て、授業をしていた。まことに、自己満足の極みとしかいいようがないのであるが、六〇過ぎたらどんなとっておきも、とっておかないで着ることがきものへの敬意でもあり、作ってくれた人へのお礼でもある。私が何を着ていても、学生は大して気にしていないであろうところが、また、よいのである。

## 洋服でいうと……

黒留袖や色留袖は洋装で言えば、アフタヌーンドレス、イブニングドレスに匹敵する既婚女性の第一礼装である。訪問着は、丈の長いドレスや、優雅なワンピースなど、結婚式に出られる洋服という感じ。フォーマルな場に向く、パーティー用のきものである。ようするに、そういうきものはドレスのようなものなのである。この章では、こういう洋服を着て仕事に行くときは、きものであれば、どのきものに相当するのか、そんなことをあらためて考えてみる。

この洋服を着るようなときなら、きものだったらこれがふさわしいというのがわかったら、これからきものを着てみよう、どのあたりからきものを揃えたらいいか、そのように思っている人たちの参考にもなるだろう。きものの専門家からしたら、ちょっとちがうのではないか、と思われるところもあるかもしれないが、二〇年、仕事の場で、ずっときものを着てきた実感からすれば、そんなにはずれることもないかと思う。

いまや、女性の仕事着といえば、スーツである。就活にも入社式にも普段の仕事でも、スーツさえ着ていれば、仕事をしているという感じになる。スーツに匹敵するきものは、先にも書いたが「色無地」である。何も柄のない染めのきものである。紋をつけるとフォーマルにもなり、帯によってはアフタヌーンドレス、イブニングドレスの場にも着ていけないことはないが、華やかさには欠ける。スーツがわりに着ても構わないと思う。不祝儀にも使える寒色系、具体的にいえば、濃いグレーや紺や紫なら、何の心配もない「スーツの装い」となる。仕事のときに赤いスーツを着る人がいるように、年齢によっては臙脂《えんじ》など少し赤っぽい色無地や茶色のものも、スーツとしてのきものになる。江戸小紋は、無地と同じ扱いになるから、濃い色の江戸小紋でも、不安のない仕事の装いになる。

ワンピースを着て仕事に行く人もいるだろう。ワンピースはきものでいえば小紋である。花柄のワンピースを着るように、花柄の小紋のきものを着るのはかわいらしいと思うし、チェックのワンピースのように、市松柄の小紋を着てもいいと思う。色無地より華やいで、訪問着のように仰々しくないから、ワンピースを着る程度の仕事の状況に、よくあっている。さまざまなおしゃれも楽しめる。

それなりの「きちんとした」装い、スーツかワンピースにあたるきものは、いわゆる「やわらかい」染めのきものだといえる。とはいえ、いまどき仕事には、セーターとパンツとか、シャツとスカートとか、もっとラフでカジュアルな格好で出かける人も少なくない。むしろそういう人の方が多いかと思う。カジュアルな仕事着にあたるのが、織りのきものである紬であろう。値段からすれば、結城紬や大島紬や琉球ものは訪問着よりよっぽど高い。はたしてカジュアルな仕事着と呼んでいいのかどうかわからないが、やわらかいきものと比べれば丈夫で、仕事もしやすい。私もふつうに家から出かけていく仕事では八割がた、紬を着ている。

そうはいっても、紬のきものも、家で洗濯ができるわけではない。季節ごとに丸洗い、時折洗い張り、という手入れが必要になってくる。仕事で着て、何日かしたら、洗濯ネットにいれてばんばん洗濯機に入れて洗いたい、という方には、木綿のきものがよいかと思う。上等な袷に仕立てるような木綿ではなく、単衣で仕立てて、自分で手入れができるような木綿のきもの、私自身は二〇〇三年にきものを日常着にし始めた頃から、宮崎の木綿をたくさん扱っている呉服屋さん、「染織　こだま」に、ネットを通じてお世話になってきた。日本中の扱いやすい木綿を提供しておられ、こだまさんのオリジナルである琉球柄などの一乗木綿は、冬でもあたたかく、自分で洗えるまことに扱いやすいきものだ。木綿のきものは、洋服で言えば、まさにTシャツとジーパン、といったもので、実際にジーンズと同じような藍いろの、洗いざらしが少し似合うような木綿もある。

さて、以上のような仕事に着て行くきもの、つまり色無地や小紋や紬や木綿のきもの、すべてに使えるのが博多帯である。博多帯の献上柄とよばれる、むかしからある柄は、とりわけおすすめである。きものに慣れないうちは、帯の柄合わせがけっこう大変なので、どのように締めても柄が同じという献上柄は、初心者フレンドリーであると同時に、それなりに格も高く、これさえ締めていればまちがいがないのである。しかも、博多帯は軽く、単衣仕立てなので、オールシーズン使える（絽《ろ》の博多帯もあって、それはそれで涼しくてすてきなので、夏にはほしくなると思うが）。締めやすく、ゆるみにくく、きちんとしていて、色無地でも小紋でも紬でも木綿でもオーケー。これほど万能な帯はない。最初の一本に、まずは博多帯献上柄をおおすすめする。七献上とよばれる細かめの模様のもので、色は白地に黒のものが使いやすいと思う。これならおおよその色やどの素材のきものにも合わせることができる。

浴衣は洋服で言えば、湯上りに着るバスローブみたいなものなので、仕事に着ていってはいけません。バスローブで外に出る人はいないけど、浴衣では花火を見に行くから、むしろリゾートウェアっていう感じかな。リゾート向けの肩にとりがずしができる紐がついて、ベアバックで、胸がギャザーのかわいらしいロング丈のワンピースを着て仕事に行く人はあまりいないように、浴衣は仕事に着ていけない。でも有松絞りの浴衣などは、衿さえつければ、仕事に行ってもいいくらいのきものになるから、まあ、いろいろあるのだ。ゆっくり慣れてください。ついでに博多帯は、浴衣にも締めることができる。本当にオールマイティーな帯なのである。やはり最初に買う一本は博多帯でしょう。母が博多生まれなので、博多びいきな私でもあるのだ。

# 防寒

寒いときにきものを着ていると「寒いでしょう」と言われると先に書いたが、それはなぜか。きものは基本的に、あたたかい。何枚も重ね着するので空気を幾層にもまとうことになり、しかも丈が長いので、その幾層にもなってまとっている体温由来のあたたかい空気が足元から逃げにくいのである。

寒暖の差が激しく、かなり冷え込む高地に住むボリビアのインディヘナの女性が丈の長目のスカートを何枚も重ね着しているのも、同じ理由であるらしい。ボリビアのインディヘナの女性のイメージは、何枚も重ねたスカートに、山高帽をかぶっているというものではないかと思う。いわゆる伝統衣装である。西洋人の山高帽みたいだけど、この帽子も伝統衣装だと思っていた。が、なんでも、ペルーやボリビア高地のアイマラ人女性がいまもかぶる帽子は、もともとイギリス人が売り込んだ山高帽そのものだったらしい。

アメリカ大陸は、インカやアステカなど、きらびやかな高度文明を誇っていた。いまどきスーパーフードといって世界にもてはやされているキヌアはアンデスで昔から食されていたそうだし、これまた話題のチアシードもアマランサスもアステカの主食のひとつだったと言われているから、どれだけレベルの高い食生活だったのか。

どの地域からの影響も受けない、「世界史の孤児」と呼ばれていたこれらの文明が栄える大陸であったが、コロンブスやらヴェスプッチやらに到来され、受難の時代が始まり、その後、ずーっと、ヨーロッパ旧世界との抜き差しならない関係のうちに存在するラテンアメリカとなっていく。一五世紀からスペイン、ポルトガルの支配と統制のもとに置かれることになって約三〇〇年。一九世紀には多くの国に分かれて独立するのだが、その時期はイギリスが世界の工場として、経済的に君臨した時代であったから、ラテンアメリカはイギリス製工業製品の市場となったのである。アンデスの時代から使われていたポンチョやメキシコのサラペも、バーミンガムあたりで織られた工業製品として輸入されるようになり定着した。山高帽もイギリスのものが入ってきてボリビア高地の伝統衣装となったのだという。ホブズボームならずとも「伝統は創られる」のである。確かに。

それはともかく、「重ね着」によって体の周囲に空気の層をつくることは、あたたかく装うことの工夫である。きものも肌着に加えて、寒い季節には、裾除け、長襦袢、袷の長着を着ているから、すくなくとも五枚。さらに、お腹周りは帯を締めているので、二回布を巻いているとして、帯も二重になっているから九枚。帯板などを入れたら、お腹の部分は一〇枚くらい布を重ね着していることになる。お太鼓を作っている部分はさらに何枚も重なっていることになるから、下背（背中の下の方）や腰のあたりは一体何枚の布が層を作っていることだろう。お腹周りと腰周りは、あたたかいだけでなく、しっかりとまもられているのが、きものなのである。現在六〇代である私の祖母たちが、日常的にきものを着ていた最後の世代だと思うが、彼女たちがいつもきものはあたたかいと言っていたのは、このお腹周り腰周りのあたたかさによるものだろう。きものを日常的に着て、時折洋服を着ると、本当にお腹周り、腰周りがすうすうとして、何枚着てもうすら寒い気がする。

このようにきものは基本的にはあたたかいものなのだが、冒頭に書いたように「寒くないですか」と頻繁に周りの人からいわれるのは、ぱっと見たところ、衿元や袖口が開いていて、無防備で寒そうに見えるからだと思う。確かに衿元や袖口をそのままにして冬に外出するとすごく寒い。ここでは寒いときにどのように防寒対策をしているか、書いてみる。あくまで、東京という都市に住まう人間が考えていることとして。

冬に仕事に出かけるにあたりあたたかくするための三点セットは、「ネルの裾除け」「アームウォーマー」「衿元をあたたかくするショール」である。日常的にきものを着始めて、いろいろなトライアルを繰り返したが、いまのところ、その三点に落ち着いている。まず、ネルの裾除け。下着として肌に直接触れるものなので、裾除けがひんやりしたものだと、それだけで寒い。冬以外は、もともと木綿の裾除けを使っていたが、きもの歴がそれなりに長くなってくると、きものを着る喜びは日常的に絹をまとう喜びなんだな、とわかってきて、だんだん下着が贅沢になってきた。そして最近は、絹の裾除けを日常的に使うようになった。ネット通販で一枚五、六〇〇〇円して、安いものではないのだが、数枚あれば何年でも使える。寒くないときは絹である。夏も使っている。

だいたい一〇月の末から、一一月くらい、木々が色づき始めるようになって肌寒いな、と感じ始めると裾除けをネルにかえる。それをだいたい五月の連休前くらいまで使っているので、一年の半分はネルの裾除け、あとの半分は絹の裾除けで暮らしていることになろうか。ネルの裾除けは肌触りがほっこりとあたたかく、安心できる。こちらもネット通販で買える。きものを着始めた二〇〇三年ごろは、ずいぶん高くて、その値段を嘆く私に、友人がわざわざ赤いネルの生地をユザワヤでたくさん買ってきて、手製でプレゼントしてくれたものなのだが、いまは、それなりにきもの人口も増えてきたということなのだろうか、ネットでは二〇〇〇円以内で購入することができるようになった。とにかくあたたかい。当初、足元も寒いような気がして、別珍の足袋を穿いたり、ハイソックス様になっている防寒用の脚絆《きゃはん》のようなものを穿いたりしていたが、いまはネルの裾除けがあれば普段の足袋を穿いているだけですごく寒いとは特に思わなくなった。どうしても冷たいと感じると、足袋カバーをつけたり、カバー付きの雨草履を履いたりすることもあるが、都市の冬のおおよそは、足元はネルの裾除けだけで過ごせている。

二つめの防寒アイテムが「アームウォーマー」。きものの袖は、確かに寒さに対しては無防備であり、腕がとても寒いので、腕をあたたかくしてくれるものがどうしても必要だ。こちらもきものを着始めた当初は、ハイソックスの先を切って、腕につけたりして、工夫をしていたものであるが、このところ、冬でもノースリーブのニットなどを着る人が増えたのか、多彩なアームウォーマーが出回るようになって、選び放題という感じになって、さまざまな色や素材から選ぶことができる。夏の日除け用に売られている薄手のものが、冬のきもの用に使いやすかったりする。冬の着物の外出時には、アームウォーマーをして、手袋をしてでかけている。

三つめは、衿元。ここをあたたかく包むためのショールが必要である。いくらでもきもの用のものが売られているが、普通の洋服用のショールにも使いやすいものが多い。若い友人が、湯たんぽマフラーとか呼ばれていますと買ってきてくれたフリースの分厚いようなふわふわしたショールがとてもあたたかくて、きものにも似合い重宝している。

そんなに寒いなら、きものの下に長袖のヒートテックシャツなど着たり、スパッツを履けば、それであたたかいのではないか、と思われることであろう。それがダメなのだ。なぜダメなのかについては、回を改めることにする。

# カンプーと琉球柄

きもの姿に憧れて、日常的にきものを着るようになったとはじめにも書いた。この「きものを着たい」という憧れの根幹に、沖縄がある。沖縄なるもの、沖縄的なもの、沖縄の原型に近いもの、なんと言えばいいのだろう。沖縄への憧れと、きものへの憧れは、重なっている。そもそも、憧れの第一歩は、きものそのものではなく、髪型だった。沖縄の伝統的な髪のまとめ方である「カンプー」に心奪われていたのである。

カンプーは、琉球舞踊の舞台などでしかみることができなくなっている髪型だが、長い髪をくるくるとまとめて、まんなかにかんざしをさしてとめる。ピンは使わず、かんざしだけでまとめる髪型だ。舞踊や沖縄芝居の舞台ではカンプーは頭の上に結われているが、日常生活ではもっと低い位置に結われることも多かった。

一九六一年に最初に刊行された岡本太郎の『沖縄文化論——忘れられた日本』[*1]はい

まも鮮烈、としか言いようのない、エッジの鋭い本である。いまあらためて読み返しても、いささかも古いと感じない。岡本太郎はとても短い滞在にもかかわらず、沖縄の本質をつかみとり、見事な筆致で描いている。日本の文化の根幹は、沖縄にあるのであり、沖縄が本土並みになるのではなく、文化においては、本土こそが沖縄並みになるべきだという岡本太郎の語りは、いまこそ、また読まれ、解釈されることを待っていると思う。

岡本太郎自身が撮影した多くのモノクロの写真が本の冒頭にあげられている。そのひとつが、カンプーに結った、若くはない、とうに中年は過ぎてどちらかといえば老年に近い女性の、後ろ姿である。「琉球髷《りゅうきゅうまげ》の漆黒の髪につきささった白銀色のジーファー（かんざし）は、あざやかな沖縄の印象である……」と書かれている。その写真を見たのはもう四〇年以上も前のことだった。本当に美しいものとは、こういうものなのだ、と思った。後頭部のまんなかあたりに、たっぷりとした髷が結われ、銀のジーファーできりっととめてある。後ろ姿だけであり、顔は見えず、いかにも仕事着らしいおそらくは木綿の藍染の衿がみえている。普段着姿なのだが、匂い立つような気品に満ちていた。銀のジーファーは神役の女性の象徴である地域も少なくないので、そういう女性であったのかもしれぬ。

私の髪は、漆黒どころか、茶色に近いような色で、髪質も猫っ毛と言われるようなもので、長く伸ばしても『沖縄文化論』の写真のようなたっぷりとしたカンプーにはならない。まことに貧弱なおだんごしかできないのであるが、それでもピンなしに髪を結い上げ、その真ん中にジーファーをさす喜びは、憧れに牽引されていたものだから、いつも薄れることがない。銀のジーファーはいまほとんど手に入らなくなっているのだが、私のジーファー好きを知る沖縄に住む友人が、那覇でみかけるたびに銀や黒木のものを手に入れてくれていたので、いまも手元に何本かもっている。

『沖縄文化論』の一枚の写真に憧れて始めたことだから、着たいきものといえば、琉球柄のもの。トゥイグヮー（鳥）、ミジグヮー（水）などとよばれる、いかにも琉球らしい柄のはいった黒っぽいきもの、藍のきもの、茶色のきもの。琉球絣、久米島紬などのきものはもちろん、琉球柄のきものは新潟などでも織られているし木綿の琉球柄のものもある。髪型からきものまで、沖縄的なるもの、に惹かれ続けている。

「あら、おきもの、いいですね。私も本当は着たいんですよ。和服、いいですねえ……。いつか着られるようになるといいと思うんですけどね……」。きものを着ているると、そんなふうに声をかけられることがある。しかし、どんなきものでも声をかけられるわけではない。あるとき、わかった。「きもの、いいなあ、着てみたいなあ」、そういうふうに多くの人に思わせるきものは、圧倒的に「琉球柄」のきものなのだ。私は沖縄的なものに惹かれ続けているが、それは私だけではなくて、私たちの心の根幹にある、意識の古層にはたらきかける何かが沖縄にはあるのではないのか。

二〇〇三年ごろにきものを普段着として仕事に着始めて、一番活躍してくれたのは、前述した宮崎の木綿の普段着を多くあつかっておられる「染織　こだま」さんがオリジナルで開発された、「一乗木綿」である。この一乗木綿に琉球柄のものがいくつかあった。色ちがいの糸が互いちがいにおられているそうで、表地が黒、裏地が茶色で、リバーシブルである。黒を表に仕立てたものと茶色を表に仕立てたものと、両方仕立てた。きものの初心者であった頃も、二〇年近く着てきたいまも、最も活躍してくれているきものであり、さらに、「あら、おきもの、いいですね」の声を、いちばんかけられる柄でもある。

沖縄に憧れ、きものを二〇年近く着ていると、木綿の琉球柄のきものから、さらに欲も出てきて、ついほんとうの琉球ものにも手を出すようになってしまった。きもの道は果てしなく、底が深く、恐ろしくも美しい。ついには、織り手の名前の入った久米島紬を手に入れてしまった。ハリとやわらかさが共存し、着ているだけで元気になるような美しいきものである。

二〇一九年一〇月に首里城が焼失してしまった。お見舞いの気持ちを携えて、その年一二月に沖縄を訪れたときに、首里城の東のアザナあたりでこのきものを着て写真を撮った。その日は偶然、首里城公園に、ある程度入ることができる許可のおりた最初の日でもあったのだ。久米島紬に、石垣でおられたミンサーの帯を締めて、黒木のジーファーをさして、沖縄への憧れと思いは、尽きることがない。

＊1　タイトルを変え、何度か出版し直されている。現在入手しやすいのは中公文庫版。ただし写真は入っていない。岡本太郎『沖縄文化論――忘れられた日本』中公文庫、一九九六年

## きものという謙虚

きものにはずっと憧れを持っていたが、「この人の着姿に憧れて、きものを着たい」という具体的な人物は、特にはいなかった。具体的なロルモデルに欠けるままの、きもの生活だった。具体的なロルモデルがいるというのは、実はとても大切なことだと思う。具体的な模範があるということが、ものを習うことの基本だから。

何ごとも、最初は真似ることから始まる。そのなかでも天才は真似ることがものすごくうまく、スピードもはやいのだろう。天才は何らかの具体的な形がちらっと提示されれば、その形を自分のものにして、提示されたよりもはるかに高いレベルのものを表現することができるのだと思う。

たとえば、作家の石牟礼道子さん。この人は、まことに天才であった。普通ものを書く人は、実に多くの量を読んでいる人が多い。たくさん読んでいるから、コップの水があふれるように、書くということがでてくる。読むから、書きたくなる。石牟礼道子さんは、周囲から聞いても、ほとんど本を読んでこなかったようだ。本はたくさん手元にあっても、読み通すことはほとんどなく、ちらっと見たり、読んだりするだけだったらしい。ちらっとみれば、その形と本質は、彼女のものになったのであろう。

国語の教科書程度の文章を読めば、それだけで自らの文章を書くことができる。幼い頃にきいていた御詠歌から、能の脚本を書き、短歌や俳句や詩も、その型をつかめば、自らの才能をその上にのせていくことができた。

普通の人も天才も、何か「形」を見て、その「形の内容」ではなく「形自体」を真似るということからはじまる。だから、ロルモデルとか、目標とか、憧れとか、具体的な模範があることは、学びには大切なことなのだ。

で、とりわけ才能もないうえに、ただ好きだというだけで、きものを着始めた私に、具体的なロルモデルたる人、つまりは「この人が着ているようにきものが着たい」というのがなかったのは、学びのプロセスとしては、残念なことであった。以前、きものの雑誌の企画で、実際に「この人の着姿に憧れた、あるいは、この人みたいにきものを着たいという人は、いないんですか」と聞かれて、本当に誰もいなかった。それは見本にするような人がいなかったという、えらそうな態度ではなく、単純に具体的に個人的な憧れの着姿、というのがみつからなかったということだ。誰かいればよかったのに。そうすれば、もっと品よく、端正な着付けというものを、この二〇年近いきもの生活の初期に学ぶことができただろうに。

まことに、まことに、遅まきながら、着姿に心から憧れる人ができた。二〇二一年、一〇七歳で亡くなった篠田桃紅《とうこう》さん。ずっときものを着て、きものでその波乱の一〇七年の人生を走り抜いた方である。墨を使った多くの芸術作品を残され、その仕事姿は、常にきものである。半世紀前の裂《きれ》を切り嵌《ば》めして作った、という羽織を着ている九〇歳のときの写真[*1]には、まさに、胸を射抜かれる思いをした。ゆったりとゆるんだからだ、センターの通った立ち姿、凛とした、それでいて慈愛を感じさせる眼差し、そういうからだを、渋い色のきものと、一片一片に思い出がある、という羽織がつつんでいる。何と美しいのだろう。こういうふうにきものを着られるようになりたい。こんなふうにきものとともに生き、歳を重ねていきたい。この九〇歳のときの写真はもともと、その名も「篠田桃紅きもの暦」として四季にわたって特集された二〇〇三年から四年までの連載記事[*2]が初出であり、ちょうど私自身がきものを着始めた時期にあたるのだが、ものを知らず、そのときは篠田桃紅に出会えていなかったのだ。

ずっときものを着て、仕事もこなしてきた篠田桃紅は、「きものは謙虚である、人を主人として扱い、太ろうが痩せようが包む、洋服は尊大だ」という。[*3]

洋服は誂えたものであろうが、既製服であろうが、形が決まっている。いまどき「既製服」という言い方はおそらく死語だろう。自分の体にあわせて作る誂えの服ではないものを以前は既製服といっていたのだが、いまや本当にさまざまなサイズでさまざまなデザインの洋服がでまわるようになったから、洋服といえば既製服のことであり、誂えるということはずいぶん珍しいことになった。ともあれ、洋服は、形が決まっており、からだを洋服にあわせるということになる。おおよそ、ダイエットの大きな目的は、たとえば、七号のサイズが着たいとか、九号サイズでいたいとか、それなりに希望するサイズの洋服が着られるようになることが目標になる。着方も、体の曲線に合わせて裁断され、縫製されている洋服に、からだを入れていく、という感じになる。

きものは直線の布を直線のままに断ち、縫い合わせてできている。きものの寸法はもちろんあるのだが、おおよそのきものは、よほど長身の人でもない限り、どんなきものでも、誰でもたいてい着ることができる。きものには、おはしょりという部分があって、文字通り、端折って長さを調整して着るようになっている。長身の人はおはしょりなしで着てしまえば、なんとか着られるのだ。

裄とよばれる腕の長さがあわないこともあるのだが、少々、裄が短くても、長襦袢がはみでないように内側で安全ピンで一箇所とめれば、ぱっと見たらわからないような着方もできる。自分の寸法でつくったきものはやはり着やすいが、他人のきものであっても、たいていはなんとか着ることができる。それくらい、きものは寛容である。

人のきものが着られるくらいだから、自分のために作ったきものなら、少々太っても痩せても着ることができる。だいたい先述の「おはしょり」は、妊娠しても着られるように余分が最初からつくってあるのだとも聞く。きものは体型が変わっても、からだを包んでくれるように作られているのだ。

体型が変わらなくても、人はその日その日で体調もちがうし、気分もちがう。慣れてくると、きょうはこの辺をゆるめに着てみようとか、きょうはすこし衿をつめてみようとか、気分に合わせて自在に着ることができる。

着る人に寄り添い、着る人により生かされるきもの。その人に、添うてみよ、あわせてみよ、制約のはざまにあるきものこそが、自由の本来の意味を提示する精神性の体現である……篠田桃紅のきものの立ち姿はそれだけで深い省察に誘うものだったのである。

謙虚

きものという

＊1　篠田桃紅『桃紅一〇五歳好きなものと生きる』世界文化社　二〇一七年

＊2　篠田桃紅きもの暦　連載一〜四回『家庭画報』特選きものサロン二〇〇三年夏号、秋号、二〇〇三〜四冬号、二〇〇四春号

＊3　篠田桃紅『一〇五歳、死ねないのも困るのよ』幻冬舎文庫、二〇一九年

## 下着

きもののよさとは、伝統衣装としての美しさはもとより、大変快適でこの国の気候にあった衣装であるところにある。もちろんいまは、洗濯も簡単で安価でよい洋服がたくさん出回っているから、わざわざきものを着なくても、快適に暮らせる。だけど伝統的で、かつ美しい衣装は、着ている人を強くするものだ。

ブータン人の敏腕観光ガイド、観光ガイドという名前ではおさまらない、哲学者のようなペマさん（辻信一さん作成のビデオに登場する）[*1]は、「伝統衣装を着ていないと、ニーズがわからなくなってしまうでしょう」と言っていた。ニーズ？ Needs?「どのような顧客のニーズがあるか」、そういうニーズのことですか？

GNH（Gross National Happiness）、国民総幸福量でよく知られたブータンでは、公的な場、仕事の場で伝統衣装の着用が義務付けられている。男は「ゴ」、女は「キラ」

という衣装を着る。ゴもキラも、もともと日本のきものと着方が似ている。ゴは体の中心を確認してそこに巻きつけて着付け、紐でとめるという着方をする。キラはもともと厚手の布を上半身にも下半身にも巻きつけていくようにして、ピンや紐でとめて着るのが、伝統的な着方であったらしい。高齢の女性たちにはそのようにしてキラを着ている方もあるのだが、現在のキラは、厚手の布を使った、裾ぎりぎりの大きくひだをひとつ取ったロングスカートに仕立てられているもので、それに襟をうちあわせたブラウスを合わせている。

東南アジアの多くの国の女性の伝統衣装は、長い巻きスカートふうのものなのだが、動きやすいように、裾ぎりぎりではなく、床からは五センチとか一〇センチくらい上にあがった丈のものが多い。ラオスのシンと呼ばれる伝統的なスカートも、もともとは、丈が長かったようだが、最近のシンはひざ下一〇〜二〇センチくらいの結構短い、いわゆる日本で言えばミディ程度の「スカート丈」になっている。ブータンのキラは、靴を履いて、床にひきずらない裾ぎりぎりくらいの丈で着ている人が多い。高地にあり気温が下がるブータンでは、この床ぎりぎりの厚手のロングスカートは保温に優れていて、あたたかいそうだ。防寒となるのである。それはきものも同じで、丈が長いから、体温をキープでき、寒い時期でもあたたかく感じる。

ブータンの女性衣装キラとブラウスのシルエットは、日本のきものを思わせるような仕上がりになる。数年前ブータンを訪れたとき、周りがみんなゴかキラを着ているので、私のきもの姿は、むしろ日本よりも目立たない、と感じたものである。ブータンの人々は私の周りの人々と本当に似ていて、あ、あの人はうちのおじさんとそっくり、あの女性は同僚とうりふたつ、などと親近感がわく。顔が似ているし、伝統衣装のシルエットも似ているし、ブータンで私はますます目立たなくなるのであった。

で、ペマさんは、「ニーズ」がわからなくなると言った。「ジャパニーズ（Japanese）、チャイニーズ（Chinese）、ブータニーズ（Bhutanese）、みんなよく似ているんだから、ゴを着ていないとブータニーズ（つまりはブータン人）とわからないでしょう」と言うのだ。なるほど、その「ニーズ」なのね。「ゴは、結構重くて嵩高いから、スーツケースがいっぱいになっちゃうんだけどね」、世界中どこに行ってもゴを着ているとすぐお互いブータン人ってわかるから持っていく、というのだ。こういうシンプルな感覚が、とてもいいなと思う。きものは結構ユニバーサルに日本の衣装と認識されているから、世界のどこで着ていても、着ている人は日本の人だとわかる。そのような衣装を身につけることにいつも誇りを持てるのかどうかは、行き先によっても、本人の生きる方向によっても、左右されるような気がする。ペマさんがいうように世界中で誇りを持ってきものを着るということになれればいいなと思う。それは、日本人のやってきたことを再認識し、日本の歴史をひきうけながら生きることと同義である。

ともあれ、伝統衣装はその根っこには、その地で着ていることとの快適さがあると思うのだが、その快適さを享受するには、あまり「先進的な」下着などをつけないことが肝要である。きものは脇と裾と衿元が外に開いている。この三点は、人間がいちばん発汗するところであり、そこが外に向かって開いていると、簡単に言えば、汗がこもらない。これは、身につける衣装の快適さとしてとても重要なことである。きもの用下着はそのような「汗がこもらない」ことを肌に一番近いところで支えているような役割を持つ。女性の場合、下半身は裾除け、上半身は肌襦袢ということになろうか。裾除けは、腰に巻いていく一枚の布であり、パンティなどのようにお股に何かぺったり張り付いたりするタイプの下着ではない。肌襦袢は、脇と衿元はあいている。からだで最も発汗する場所が外に向かって開かれたままにできるような下着なのである。

きもの用の下着を着ていれば帯を締めていても特に苦しいと感じないし、大変快適に着ることができる。ここに、洋服のときに身に着けているパンティあるいはズロース（死語であろうか）などを付けたり、かっちりブラジャーをして、寒そうだからと、防寒の長袖シャツ、さらにはハイネックの下着などを着ると、とたんにきものが「苦しく」なってくるのがわかる。以前にも書いたことがあるけれど、日本の女性がきものを捨てたのは、パンティやブラジャーやスリップや長袖シャツなどの西洋下着を身につけるようになったからではないか、と思うくらいに、西洋下着ときものは相性が悪い。

生まれて初めてフル装備、ばっちり上から下まで完璧にきものを着付けてもらう機会は成人式だと思う。そのときにも普段の下着をそのまま身に付けるだろうから、最初の体験そのものが苦しいものとなるだろう。成人式で「きものは苦しいもの」と学習してしまうと、どうしてもその後のきものへのアクセスは鈍くなってしまう。だからと言って、若い人に西洋下着なしにきものを着ましょう、なんて言うと、さらに、きものへのアクセスを悪くするように思うから、あまり極端と思われがちなことは言わないほうがいい。それでも、やはりきものを着るなら、西洋下着全廃をおすすめしたくなってくるのである。

＊1　辻信一他「タシデレ（幸あれ）！〜祈りはブータンの空に（ナマケモノDVDブック）」SOKEIパブリッシング、二〇一六年

# パッションから慈愛へ

きものを着始めたときに考えていたことと、きものを二〇年近く着続けて考えることには、ちがいもあり同じこともある。最もちがうのは、「気合い」というか、きものへの無駄に熱い恋心、そういう激しい思いであろう。二〇〇三年、四五歳になった頃に、きものを着ることに決めた。そこまでのいきさつはいろいろあるが、ある日突然、それらが形として顕現し、とにかく毎日着るのだと決めて、そこから毎日きものを着た。何があろうが、私はきもので生きて行く、自分の力ではないどこかからやってきた大きな力に押し流されるようにして、そう決めたのだ。

着付けは一度しか習わなかった。毎朝一時間半くらいかけて着ていた。当初は下着も一枚しかないけど毎晩洗って、次の朝、乾いたら着ていた。

現代日本で、きものしか着ないというのはすごく目立つし、目立つことを覚悟しなければならないし、ときにはなぜ着ているか説明しなければならない。それどころか家族からも「なんで？」と聞かれる。子どもたちはまだ小学生とか中学生だったから、参観日や個人面談に母親がきものを着てくるのは、ほんとはいやだったんじゃないかと思う。本人たちに聞いたら、「まあ、いいよ」と言ったり、そもそも参観日自体に「くるな」と言われたりしていたから、許容範囲だったんだろうか。それでも、やっぱりいやだっただろうな、ごめんね。

自分が子どもだった頃の参観日のことを思い出す。一九五八（昭和三三）年生まれの私が中学校を卒業した一九七四（昭和四九）年三月の兵庫県西宮市の公立中学校の卒業写真が手元にある。一九七〇年に大阪万博があって、すでに日本はおしとどめようもない高度成長の波の中にあって、伝統的なものは、バキバキと音を立ててなくなっていった。

生活の感覚自体はいまとそんなに変わっていないような気がするのだが、この七〇年代半ばの中学生の母親たちは、ほぼ全員、子どもの卒業式には、和服で黒い羽織を着て写真におさまっているのである。通っていた中学校は、阪神間の山の手高級住宅街とは何の縁もない、海辺にほど近い下町にあり、どう考えても西宮市内の中学校の中で、最も環境も悪く、生活レベルは困難な地区にあったのだが、そういう地区であっても（つまりは、絵に描いたような奥様など、ひとりもいないような地区でも）その時代の母たちは卒業式のみならず、参観日などにも、まだ和服で出かけていたのだ。

調べてみると昭和三〇年代から五〇年代にかけては、無地や小紋のきものに、一つ紋の絵羽模様の丈の短い黒い羽織を着るのが流行っていたようだ。リアルタイムで卒業式に出ていたと思われる昭和一桁生まれの伯母にきいてみたら「ほんとに、みんな黒い羽織だった。私はみんなと同じことやりたくなくて、色物の一つ紋の絵羽模様の羽織を着ていたから、ものすごく目立っていた」とのことだった。

この伯母は文学少女で、女学校時代に太宰治情死の新聞記事を見て、情死って何だろうと思ったそうだ。親には聞いちゃいけないことではないかと思ったから必死で辞書で調べたという。戦後「大人は全部嘘をついていた」と思い、人と同じことをしたくないと思うようになった。そんなレジスタンス精神旺盛な人なので、黒い羽織にも抵抗していたわけだが、それは、稀なことであったようだ。

みんなが着ていたあの黒い絵羽模様の羽織は、どこにいったのだろう。もう、着ている人など見ることもない。八〇代以上の女性たちのたんすにいまも眠っているのだろうか。思い始めると気になって「メルカリ」で検索してみたら、山ほどの絵羽模様の黒い羽織が二〇〇〇円から四〇〇〇円くらいで売られている。昭和の時代に子どもの卒業式などで着て、その後、たんすに入っていたものにちがいない。いくら二〇〇〇円でも黒の羽織なんていまでは着ないから、リフォーム目的以外で買って着る人がいるとも思えない。黒じゃなくても、羽織自体がいまどきおおげさに見えて着ないから、いくらきものに興味があっても着る人はあまりいないだろう。と思うが、『鬼滅の刃』人気に牽引されて、今後、市松模様とかうろこ柄とか片身替わりの羽織が流行らないともかぎらない。篠田桃紅さんがいうように、羽織は、帯に邪魔されないまっすぐな後ろ姿の一本の線が美しいから、そういう美しさが見直されることもあるかもしれない。そうだといいが、いまのところ、羽織の運命には、楽観的になれない。

ともあれ、私の母たちの世代は、戦争を経て戦後に青春時代を送った人たちであり、この世代にとって、もはやきものは日常着ではないが、「いざというとき」の身近な衣装ではあり続けた。その「いざというとき」も現代のように、成人式と結婚式だけという頻度ではなく、子どもの入学式、卒業式に、授業参観、あるいは夫の実家訪問時などけっこうな頻度だったのだ。もちろん、着付けを人にしてもらうわけではなく、自分で着ていた。ほんの一世代うつりかわっただけで、私の代になると「気合い」なしには、毎日きものという生活には、入っていけなくなるのだ。衣装という風俗は儚い。

とにかく私は、きものを着はじめた二〇〇三年頃、熱に浮かされたようにきものを着ることを考えた。毎日着て、どんな場所にでもきもので行った。体操をしたり、お肌の手入れをしたり、たとえきものを脱ぎ着しなければならない不便なシチュエーションでも、きもので出かけた。そこで面倒でも、きものを脱いで、また着ていたのである。

まったく周りは迷惑であったと思う。きもので生きていくと決めたから、洋服もかなり処分したし、新しい洋服は下着に至るまで約二年間くらいは何も買わなかった。海外出張にもきものだけしか持って行かなかったし、飛行機でもきもので過ごしていた。快適だったけど、周りからみたら、ただの変人だったであろう。最初は熱をもっていたのだが、だんだん、この熱と気合いが、ただのこだわりになっていって、意地できものを着ているんじゃないか、と思うようになってきた。きものを着はじめて四年くらい経った頃だっただろう。『きものとからだ』という本をだした頃には、狂おしいきもの熱もある程度収まっていて、常識的な範囲で洋服も着るようになり、いまに至っている。

でもこのような熱中は、きものにかぎらないんじゃないのか。自分の力でコントロールできないような大きな力に押し流されるから、見ず知らずだった人と恋愛だってできるし、結婚だってできるのである。いま着始めた当初とくらべて、きものに持つパッションは、慈愛のような穏やかな愛情にかわりつつある。まあ、それが二〇年経っていちばん、変わったことかな、と思うのである。

# 夏もの、紗袷

夏もののきものにその年初めて袖を通すとき、その軽やかさにいつも、ああ、夏が来るんだ、夏ものの季節なんだ、という感激がある。洋服を着ているときには感じない、なんとも言えない涼やかさ、透明さ、文字通り身軽な感じ。夏ものの生地のきものには、特別な魅力がある。

きものには、袷、単衣、夏もの、の三種類があって、暦通りの更衣では、一〇月から五月までが袷、六月と九月が単衣、七月と八月が夏もの、である。袷は裏のついたきもの、その裏をとったものが単衣であり、袷と単衣は同じ生地である。夏ものには、もちろん裏はついていなくて、こちらは、生地自体が軽い夏のものになる。袷の時期には、衿は塩瀬で、帯揚げも帯も普通のもの、六月の単衣には、衿も帯揚げも絽にして、帯は夏帯にする。夏ものも同じように衿も帯揚げも絽にして、帯は夏帯、九月になると単衣を着ていても衿は塩瀬にし、帯揚げも元に戻す。帯も普通の帯にして夏帯はつけない。大体それが基本である。

お茶席や結婚式など正式な会合では、暦通りの更衣が求められるのだが、普段着として着るきものは、もっとゆるやかなものである。大体、いまどきの結婚式場は、しっかり冷房が効いているし、みな持っているきものの数がとても限られているので、真夏でも袷の留袖や訪問着を着て、まったく問題ないことになっている。むしろ写真写りを考えると袷の方がいいらしい。花嫁衣装自体も、季節によって変えるわけではないところも少なくない。暦通り、きっちりの更衣が期待されるのは、そう思えば、お茶席くらいなのだろうか。

きものを日常着としているので、暦通りの更衣はしておらず、自分が快適だと感じるものを快適だと感じる時期に着るようにしている。ただ、そうは言ってもきものにはやはり守らなければならない基本的なところがある。それは、しきたりだからとか、決まりだから、というわけではなく、きものを着ていると、自然にそういう感じになってくるのだ。気温がかなり上がっているときは、五月の連休あたりからは単衣を着始めるが、四月だと、いくら気温が上がっていても単衣を着るには早いなあ、という感じがする。四月中に気温が上がったときは、袷を着たまま、下着で調節する。長襦袢は省略して、袖がレースで衿のついている肌襦袢一枚にして、やり過ごす。五月に入ると、単衣を着るが、衿と帯揚げは、まだ絽にはしない。夏帯はまだ使わない。気温が高いときには、博多帯など薄めでオールシーズン使える帯を選んでいる。やはり、衿と帯揚げを絽にするのは六月に入ってからにしたい、と感じるのだ。

普段着では、九月を過ぎても単衣を着るし、むしろ絽などのいかにも透けた感じの夏物でなければ、一〇月ごろ夏ものを着ていることもあるのだが、やはり秋に向かう季節になると、絽の衿とか、帯揚げはちがうよなあ、という感じがしてくるから、透けない夏物を着ていても、衿は塩瀬にしたりしていく。まあ、そのくらいは、気にしながら、あとは体感と季節の感じで更衣しているのである。

この説明にうまく収まらない、袷でも単衣でも夏ものでもない、「紗袷《しゃあわせ》」というきものがある。夏ものの生地を二枚あわせた、軽やかな、しかしとてもエレガントなきもので、夏もののきもの地が好きな私には、たまらない魅力があるもので、このきものが着られる季節になるとわくわくする。無双、とも呼ばれるこのきものは、あくまで「袷」であり、二枚の布が重ねてある。布は、夏ものである絽と紗を重ねるか、あるいは、紗を二枚重ねる。紗はうっすらと透けて下の生地が見えるようになるので、紗袷で最も多いのは、柄の入った絽に紗を上から重ねてあるものである。

いまでは、紗袷は、単衣の時期に着られるきもの、あるいは五月末から六月ごろの夏ものを着る前に着るきもの、と説明してあることも多い。でも紗袷はあくまで「袷」のきものなので、私は「普通の袷のきものを着ていると、なんだか暑くなってきた。だけど、単衣のきものを着るには、まだ季節的に早すぎる、夏ものの生地を二枚合わせて、袷として、単衣に変わる前に着たらよいのではないだろうか」という発想ででききたきものだ、と理解している。連休過ぎから六月になるまでの二週間くらいに着るきものだと思う。少し暑くなりかけた季節に、さらりとこの紗袷を着ている姿は、なんとも涼やかで、慎ましくて、よいものだ。

紗袷は、五月末、六月になる前、暑いから夏ものを二枚重ねて着ているのだから、柄ゆきは、六月や、夏を思わせるものがふさわしいと思う。個人的には、かきつばた、梅雨や夏を思わせる魚、紫陽花などがいいな、と思う。

紗袷は九月の単衣の季節にも着られるということだが、ここまでの説明がロジカルだと思っていると、秋口に紗袷を着るのは、どうも納得がいかない。「夏ものを着て涼しくなってきたので、単衣にして、そして、普通の袷になる前に、夏ものを二枚重ねたものを着る」という理屈になってしまうが、二枚重ねているとは言え、単衣から夏ものの生地に戻るのは、なんとなくちがうんじゃないかな、と個人的には思ってしまうのである。また、夏ものを着ていたあと、単衣を着る前に、紗袷を着るというのも、そもそも順番がちがうように思ってしまう。「逝く夏を惜しむ気持ちで紗袷を秋口に着る」と説明してある文章を読んだことがあるし、実際に紗袷の柄は、萩などの秋草が多いので、そうなのかな、と思いはするのだが、やっぱり、論理的に考えると、紗袷は五月の後半二週間のきものではないかな、と思ってしまうのだ。まあ、別に論理的じゃなくても、全然構わないわけだけれども。

どちらにせよ、年間二週間、長くて三週間くらいしか着られないきものというのだから、誰でも手に入れたくなるようなきものではあるまい。でも私はこの紗袷が大変魅力的で、仕事に向くと思っている。紗袷はカテゴリーとしては、訪問着として扱われる柄ゆきが多いものの、絽の生地の柄の上に、濃い青やグレーや小豆色の紗がカバーしているので、柄はぼんやりとしか見えず、ぱっと見ると無地のきものに見えたりする。つまり、訪問着の割には、そんなに華やかでもない感じになるから、仕事をするのにふさわしいきものだと思っているのだ。薄ものを二枚重ねたきものは肌によくなじみ、やわらかいきものを着ている喜びに浸ることができ、同時に、仕事にも向くのであれば、それはまことに、きものを着る幸せのひとつの顕現である。

## ネットできものを買う

呉服屋さんはやっぱり高いし、行ったら買わないで帰れないような気がするし、いらないものを買うことになってしまいそうだし、ハードルが高い……そう思っておられる方も少なくないと思う。そのような呉服屋さんに結果としてなってしまっているところに、問題がいろいろあるような気はする。考えてみれば、呉服屋さんとは、母たちの時代も、おぼろげながら覚えている祖母の時代をたどってみても、ここぞというときに「高い」きものを購入するところであったから、いまだにハードルが高いのは仕方がないのかもしれない。母たちの世代は、懇意にしている呉服屋さんがあって、家にも来てもらっていたように思うが、買うとなれば、高価なものばかりだった。

思うに、大体、普段着るような高価ではないきものはおおよそ自分たちで仕立てていたのが祖母の世代で、普段きものは着ないことにしたのが母たちの世代だったわけで、呉服屋さんというのはいまも昔も特別なきものを買う特別な場所であることに変わりはない。普段着るきものをさがすのなら、特に呉服屋さんでなくてもいいのだ。

世の中はネットショッピングの時代、きものをネットで買ってもかまわないのではないか。普段着るきものを買うのなら、リサイクル品でよろしいのではないか。きものはもともと、他人のものを着ることも多かった。家族だけでなく周囲の人からきものは譲ってもらうものだったし、よほど背が高いとか体格がよすぎるとあわないこともあるが、普段着るようなきものは、寸法は「だいたい」で着てしまえる。

もちろん、古いきものでも自分の寸法に仕立て直して着ることが王道なのだが、古いきものを解いて、洗い張りして、仕立て直すと、いまどきはベトナムやカンボジアでの海外仕立てで値段が若干安めの設定のものもあるとはいえ、ぜんぶあわせると五万くらいはかかる。私自身も多くのきものをもらったり、リサイクル品を買ったりして着てきたけれど、いったん解いて、洗い張りして、仕立て直して着ているきものは二枚しかない。

一枚は、琉球絣で、父が復帰前の沖縄で働いていたときに、伯母にプレゼントした反物を仕立てたものをいただいた。仕立ててから五〇年近く経っているし、「裄《ゆき》」とよばれる腕の長さがあまりにちがいすぎるのと、父と伯母を思って大切にしたいものだから、仕立て直した。もう一枚は、教え子のご家族にもらった結城紬で、本当によいお品だが、裾が切れてきたので、悉皆屋《しっかいや》さんを通じて結城の産地にもどして「産地湯通し」というのをしていただいて、仕立て直した。きものを二〇年着ていて、新品で買ったものでないきものを仕立て直したのは、この思い入れある二枚だけであり、いまもその二枚は大活躍してくれている。何が言いたいのかというと、よほど特別なきものでない限り、リサイクル品を仕立て直すことはなく、リサイクルで買ったものは「だいたい」で着ている、ということである。

ネットで買うと寸法がわからないと思われるかもしれない。唯一、リサイクル品を買うときに留意したほうがいい寸法は、「裄」である。自分では、測りにくいので、家族か友人にでも測ってもらった方がいい。まっすぐ立って、利き腕を地面に水平にのばして、首の後ろ側の真ん中にある突起（脊椎点）から、肩の真上を通って、腕のぐりぐりしたところが隠れるくらいの長さである。「裄」があっていないと、袖がつんつるてんに短かったり、あるいは、手が隠れるくらい長かったりしてしまうので、ネットで買うときもこれだけは測った方がいい。だいたい六〇から七〇センチくらいの人が多いと思う。自分で測った裄丈は、最初はぴったりでなくてもいいので、プラスマイナス一センチくらいのものを探すことをおすすめする。裄さえ合っていれば他人のきものでもなんとか着られることが多いのだ。

きものはそもそも長い丈のきものを腰紐を締める段階で、「はしょって」着ることになっているので、まず、丈はそこで調節できる。買ってみたきものが長すぎるようなら、たくさんはしょればいい。短いようなら、最初はほとんど「おはしょり」なしで着てしまってもかまわない。腰周りも、きものが大きすぎるようなら、巻き込んで着てもよい。きものの背中心の線は、上半身はもちろん、ぴったり合うように着なければならない。そもそも背中心を真ん中にして着ないと衿が合わないから着られない。でも下半身のほうは、右の脇の線を決めてしまえば、中心の線はずれてもかまわない。ようするに着方でいろいろ調節でき、なんとかなるのだが、調節しようがないのが、「裄」＝「腕の長さ」である。だから最初はこれだけ気をつけてきものをさがすようにすればよい。

現在、インターネット上では、たくさんのリサイクルきものが売られており、玉石混交だが、とにかく、安いものを見つけることができる。最初は何枚か懐の痛まない程度のものを買ってみて、試してみて、自分の好きなものを見つけていくのがいいと思う。たとえば、日本の中古品市場を様変わりさせることになった「メルカリ」にもたくさんのきものが出品されている。安いものは数千円からあるし、数万円出せば、かなりいろいろな種類のよいきものをみつけることもできる。こういうサイトで五万円以上の値がついているもので、とてもよいきものを手にする可能性もある。そもそもきものは、新しいものは数十万するような世界なのだから、よいきもので五万は決して高くない。そうはいっても最初はどれがいい着物なのかも、よくわからないと思う。最初はあらかじめ予算をきめて、その範囲内でいろいろ買ってみてはどうか。一万円か二万円以内、あるいは五万円以内とかボーナスが出たから一〇万円をきものに使ってみるとか。時折失敗したりしながら、試行錯誤してみることも、ネットのきものならできると思う。

「メルカリ」には、きものがたくさん出品されている。明らかに呉服に詳しい関係者が出しているのではないかと思われるものもあって、二万円くらいのものでも、きれいに手入れされ、新しいたとう紙に包まれて送られてくるものもある。リサイクル品の匂いなどが気になるときは、こちらもネットで、安めのところに丸洗いに出せばさっぱりする。洗い張りや仕立て直しではなく、丸洗いであれば、二〇〇〇円前後で見つけることも可能だ。最終的には、きもの生活は、呉服屋さんや悉皆屋さんなど、人につながっていくことになるが、まずは、ネットではじめるのでよいと思っている。

# もっと自由に？

きものを毎日着ているし、仕事でもずっときものを着ているし、きものは楽なものですよ、言われているより動きやすいですよ、季節に合っているんですよ、ポイントさえ押さえれば、自由に着ることもできますよ……と、つい、言い続けることになっている。きものはきつい、苦しい、楽なものではない、制限が多くて大変なものだ、と思われているから、もっと楽なものだ、と言いたくなる。

しかし、そもそも、なぜ、もっと楽でなければならないのか。なぜ、もっと自由でなければならないのか。きものが、仕事をするときに着られるくらい楽ですと、なぜ、そう言わなければならないのか。自由ということが、すべての制限を取り払うというその発想自体が、きものとはそぐわないのではないか。なんでももっと楽にする、簡単にする、便利にする必要があるのか。このご時世にきものを着ようとすること自体、そういう楽で自由でいるという発想とはちがうものであり、別の楽しみを求めているのではなかったのだろうか。

そもそも自由とは、「なんでも制限は取り除いて各自が勝手にできること」ということとは限らない。自由というのは、人間の社会におけるあり方と、深く結びついた概念なのだと渡辺京二は書いている。[*1]

自由というのは、近代社会が生み出したもののように言われており、近代以前は、人間に自由はなかった、抑圧されていた、というふうに思われているが、そうでもないのだ。前近代のヨーロッパ中世は、個人が直接国家と向き合っている現代のようなありようではなく、村落共同体とか都市共同体とか教会とか、そういった中間団体によって構成されていた。個人はそのような中間団体の一員であることで、権利が保障されていて、自由とは、その団体に属してその特権を享有しているということだったというのだ。渡辺はホイジンガを引いて、一七世紀のオランダでは、自由とは〝おのれの属する団体が享受する特権のこと〟といっている。こういう中間団体から追放されてしまうと、ひとりぼっちのはぐれものとなり、保護を失って、恐るべき状態に陥って、狩り立てられても、殺されても文句は言えないような状況になるのだという。つまりは、この時代の自由とは、ある団体に属しているから他の団体に属しているものが持たないものを持つことができる、ということを指していた。前近代に自由がないわけではなく、異なった意味合いの自由があった、ということだ。

中間団体があり、その範囲でまもられるというのは、ヨーロッパ中世だけでなく、日本の江戸時代も似たようなものだったようで、当時の人々の自由もほぼそのように説明される。現代からすれば、こういった何かの団体に属することによってまもられる前近代的自由は、とても窮屈なものに見えるかもしれないが、その時代にはそれなりの「はけ口」が用意されていて、ヨーロッパ中世では巡礼、旅芸人、乞食など膨大な人々が遍歴し放浪していたし、徳川時代も似たようなもので、遍歴する旅商人、旅芸人もおり、一般の人々も、たとえばお伊勢参りのような形で、一時的に社会から遊行することも可能であった。現代の自由とは異なるものの、また性格の異なる独特な自由が備わっていたのではないか、というのである。

ちょっとむずかしい話になってしまったけれども、きものは、まさにそういうものなのではあるまいか。とにかく、楽に、好きなように、勝手に、からだを締め付けないように、動きやすいように、ということではなく、ある決まった形の中で、その形にまもられている状態を楽しむもの、とは言えないか。きものにまつわるあれこれの決まりや、このようにした方がよい、というやり方を一度自らのものにしてみて、なんでも自分が決めなければならないという状況から、自分を離してみることを楽しむ。その決まりの中で、まもられていることに憩う。そういうものではないだろうか。ここまで書いてきたように、きものはどういうときに、どういう立場で行くかによって、着ていくものが大体決まっている。それを窮屈ととらないで、決まっていることの気楽さ、迷わないですむことの安心、その決まりのうちにいれば、あぶなげない、失礼にもならない、というような感覚を楽しむものではないだろうか。

きものを楽に着よう、楽に手入れしようとして、さまざまな試みがなされてきた。二部式きもの、つけ帯、洗えるきもの……「楽に着よう」という試みは、結局あまり定着していないのではないように思う（つけ帯などは体が不自由な場合には、とても役に立つとは思うのだが）。

長着を肩からすっとまとい、体に巻き付けていき、腰紐でいい場所をきりりと締めて自らの丈に合わせる。衿を整え、おはしょりを整え、余分な空気を抜きながら、胸紐（私はこれは後で抜くので仮紐なのだが）をかけていく、という、一枚のきものを身に合わせていくこと、それが体に伝わり、さわっている指に伝わっていく喜び。一本の帯を少しずつ体に巻いていき、一回ごとにきゅっと締めて、文字通りの帯の締め心地を確認しながら、体幹がまもられていく独特な感覚の味わい。

きものを着るのは、着終わった後の美しさを楽しみたいからだけではない、一枚ずつ布をまとう喜びを感じられるところにもあり、一見面倒な手順も、布と、空気と、みずからのからだを確認していく丁寧なプロセスである、ともいえる。そもそも、もっともっと、自由に、楽に、便利に、そのように生きようとすることに疑問がなければ、きものへの興味を持つこともないわけである。制限の中の美しさ、制限の中の可能性を追求するもの、そのようなきものを仕事でも着てみよう、ということも趣深いように思われるのだ。

＊1　渡辺京二『近代の呪い』平凡社新書、二〇一三年

# 夏の名残り

その日何を着るかというのは、洋服でもきものでも、同じ楽しみだと思うが、きものの場合は、とりわけ季節とその日の空気と気温とで選んでゆく。だから楽しみもひときわである。仕事の上でのきものなら正式な場ではないから、いわゆる、一〇月から五月は袷、六月と九月は単衣、七月と八月は夏物という暦通りの更衣にそれほどこだわる必要もない。つまり、その日の気分で着てもよい。とはいえきものは柄にも、布にも季節感があるから、その日の気分と空気の感じと、自分の持っているきものがぴったりあったときの喜びというのは格別である。誰かと分かち合う喜びというのとはちがうけれど、ひとりでしみじみと生きていることがうれしくなる、という類のなんともいえない喜びだ。そういう瞬間を経験したくて、ついきものがやめられなくなるのである。

「紗袷」のことは前にも触れた。一年に少しだけしか着られない贅沢なきものであるが、控えめなところが仕事向きだと思っていると。実際に五月半ばか末あたりから六月にかけて紗袷を着ていた。最初に求めた紗袷がかきつばたの柄で、いかにもその季節にぴったりであった、ということもある。

だが、きものの本とかきものに関する説明を調べてみると、紗袷は夏に向かう前の時期だけではなく、「夏の名残を惜しんで秋口にも着られる」と書いてある。実はその「秋口にも着られる」という言説を、あまり信じていなかった。これも前述の通りである。

きものを着るときは、自分の思いと季節の空気がぴったりとあっていてほしいと思っている。だからこのきものは今日着られることを待っていたんだという、あの感覚をもとめて、今日のきものを選んでいる。そういうプロセスに「秋口の紗袷」が入ってくる隙間はないように思っていたのだ。きものは、柄も、生地も、常に季節を先取りするのが粋なものだと書かれているし、自分でもそう思っている。秋口の紗袷では、夏の生地を使っていること自体で、季節の先取りではないから、まず、無理ではないかと思い込んでいた。きものは、季節の先取りで着るものであって、「逝く季節の名残を惜しんで着る」のは、ありえない。

そのように思い込み、自分の中で「夏の名残に秋口に紗袷を着る」ということに、ちっとも納得していなかったにもかかわらず、紗袷というきものが好きすぎて、つい買ってしまったリサイクルの紗袷がある。そしてそれは、表地が小豆色の紗、重ねてある下の地は、一面に萩の模様の書かれた絽、なのである。紗袷のカテゴリーは訪問着だと思うし、おおよそ紗袷の柄ゆきは訪問着の柄ゆきが多いのだが、このきものは、小紋の柄ゆきであった。しかも萩。「夏に向かう」ときの柄ゆきではなく、どう考えても「秋に向かう」ときの柄ゆきである。真夏に萩の柄は涼しげでいいな、と思うけれど、夏にもなっていないときに、萩はいくらなんでもちょっと早すぎないか？すてきだな、と思って買ったものの、考え込んでしまっていた。一体いつ着るんだろう。購入したけど着る機会がないいんじゃないか、と。

九月二十四日、暦からいえば、単衣の季節、袷の季節の直前である。最近は、九月末でも、暑い日が多いので、透けない夏大島、つまり夏物のきものでも透けないものは、まだまだ着ていることが多い。しかし二〇二一年は、九月の初めに一度、いったん気温が下がってきて、暦通りに単衣を着るのが、ちょうどいいなという感じだった。ところが九月八日がすぎる頃、また気温が上がってきた。九月二四日は、まるで夏のような日差しが戻ってきていたのである。単衣ではちょっと暑いのではないか、というような日差しである。

その日、都心に住む長男のお嫁さん（いまどき、嫁という言葉は好まれないが、愛情を持って呼ぶので、許してもらいたい。他の言い方がなんとなくすっきりとおさまらない）と、銀座でランチをする予定になっていた。さて、何を着て行こうかと考えたときに、この「萩の柄の紗袷」が浮かんだ。着てみると本当に、気持ちにぴったりと合う。秋分の日も過ぎているが、まだ夏を感じさせる日差し、でもすぐに本当の秋がやってくることが確かにわかっているような雲も出ている。夏は逝ってしまうのだ、いろいろあったけど、名残惜しいあの夏の日々である……と思うと、夏きものの生地を二枚重ねて、透けた紗の生地からうっすらと萩が浮き上がるきものは、その日にまさに、着られるべききものである、と感じた。

ということで、教科書に書いてあるような「紗袷は夏の名残を惜しんで、九月の単衣の時期に着てもいい」に、心底、納得したのである。萩の小紋の柄ゆきの小豆色の紗袷に、単衣の八献の博多帯を締め、お嫁さんと歩いた銀座は、美しいシーンとして記憶に刻まれる。そういうことを幸せと呼ぶ。関係性と紗袷のくれる幸せである。

# 色留袖

女子大の教師を、二〇年やった。若い頃自分が女子大の教壇に立つことなど、夢にも考えていなかった。大学の先生というのはみんな研究者なのだが、研究者になることも、想像していなかった。若い頃になりたかったのは、いわゆる国際協力ワーカーであった。薬剤師の免許もとることになっていたし、アフリカの飢餓や医療格差のことも耳に入ってきていたし、若い頃は、世界のために何かしたい、と思うものだし……。そんなことをもろもろ考えると、その先に国際協力ワーカーという仕事があったのだ。でもどうやってなるのかわからなかったし、教えてくれる人もいなかった。まずは現場に行こうと思って、アフリカでボランティアをしたり、いやあ勉強が足りないなあ、と思って公衆衛生の大学院に行ったり、留学したり、いやいや、もっとフィールド経験が必要だよなあ、と思ってブラジルで調査をしたり、イギリスの大学で働いたりしていた。

そのうちに研究者という立場で、国際協力に関わるのは、なかなかいいなと思えるようになった。イギリスにいて、国際保健ワーカーとは、大学とＮＧＯと国際機関を転職しながらぐるぐるまわるような仕事であり得ることを知ったこともある。そうやって、結果として研究者になった。母子保健という分野の奥の深さがわかって、女性のありようを追究していきたいと思うようになったこともある。

そんなこんなの中で、女子大にたどりつくわけだが、勤め始める少し前からきものを仕事で着始めた。いまどき女子大だからといって、きものを着て授業をする先生などいないから、ほんとうに変わった人だと思われているのだろう。小さな女子大なので、毎日きものを着ていると当然目立つ。「きものを着ている先生」として、私は有名であり、学生の間では、この大学で（って、そもそも小さい大学だけど）私を知らないと、もぐりと言われているらしい。大学教員は、研究業績がはなばなしいとか、授業の質が高いとか、本来ならそういうことで有名になるべきであろう。きものを着ていることで学内で有名になるのもどうかと思うけど、まあ、そうなってしまった。これも、きものの力。

結果として、思うのは、女子大とはきものを着るのにまことによい職場であるということだ。普通、職場にきものを着て行くのはハードルが高いと思われるが、おおよそ大学の先生とは、みんな変わり者なので、どこの大学でも教員はどんな服を着ていても、あまりとやかく言われることもない。そもそも他人に寛容であることは大学教員に強く望まれる資質でもあるので、誰も何も言わない。何も言われないので、きものを着るのもハードルが低かった。さらに女子大に勤めていると、普段着だけでなく、それこそ「やわらかい」特別なときのきものを着る機会も結果として多くなる。

色留袖というきものがある。既婚女性の第一礼装は、五つ紋の黒留袖であることは前述した。色留袖とは、この黒留袖の地色の部分が黒以外の色のきものである。五つ紋がついた色留袖は黒留袖と同格と言われている。結婚式で、新郎新婦の姉妹とか、いとこの女性とか、そういう親戚筋の人が着るのにふさわしいきものといわれている。また宮中では黒留袖を着ることは避けられているので、宮中に参内する叙勲、褒章などのときには色留袖を着ることになっている。どちらにせよ、色留袖を着る機会というのは、ひとりの女性の人生において、数回しかない。だが女子大の教師をしていると、ありがたいことに、色留袖を着る機会が多い。

色留袖は、教え子の結婚式に出て、主賓としてスピーチするときなどにもふさわしいきものと言われているのだ。私は、すこし灰色の入ったような紫地の色留袖を持っているのだが、あまりに何度も着たので裾が擦り切れた。

女子大の教師なので、結婚式にひんぱんに呼んでもらう機会がある。結婚式の祝辞は「新郎上司」、「新婦恩師」という組み合わせが、スピーチの順序としてはわりとすわりがよいらしく、「恩師」として呼んでもらうことが多い。大学の先生たちは、結婚式に呼ばれると「一切出ない」ということにしている人と、「全部出る」という人のどちらかであるようだ。元教え子に招待されて、誰かの結婚式には出るが、別の人の結婚式には出ないというのはまことによろしくないことだから、そういう場にあまり出たくない人は「一切出ない」方針を貫いている。私は女子大の教師は、結婚式に出るのも仕事のひとつではないだろうか、と勝手に考えていて、呼んでいただくことがあったら、喜んで都合をつけて、よっぽどのことでない限り出席するようにしてきた。そうすると年にかなりの数の結婚式に出席することになり、色留袖を数え切れないほど着たので、結果として裾が擦り切れてきたのだ。おめでたい席に着るきものだから、もちろん手入れして着ることになるが、色留袖の裾が切れるほど着る機会があるなんて、女子大教師をやっているからこそだな、ありがたい仕事だな、としみじみ思う。

おそまきながら、それほど着る機会があるのだし、だいたい同じ学年の同じゼミの学生が結婚式をするのに、あまりにいつも同じきもので行き続けるのも申し訳ない気がしてきた。かといって、色留袖を二枚も仕立てるのは、ちょっとやりすぎじゃないかしらと思うので、ネットで裄と紋があう、もともと持っていたのとはまったくちがう淡い色の新品の色留袖を探し当てて、二枚めの色留袖を手に入れた。手に入れたら、新型コロナパンデミックになってしまって、結婚式がすべて延期になってしまったのだが。

ともあれ、女子大で教師をしていると、結婚式のほかにも入学式、卒業式など毎年ある。そういうときには色無地で袋帯で出かけたり、訪問着を着たりする。そうすると「たんすにしまい込んで死蔵しているきもの」というのが、ほとんどなくなり、手持ちの着物は、全部活躍してくれる、というありがたいことになるのだ。まことに女子大教師は、きものフレンドリーな職業なのだ。

ときおり無地、江戸小紋、訪問着、色留袖の「やわらかいきもの」に袖を通し、動いてみると、その地のからだに添うてくるしなやかな感じや柄ゆきに、ため息がでる。その美しさをひときわ感じる。これは普段「かたいきもの」を着ていればこそ感じられる、人生の大きな喜びのひとつだと思う。

# アイロン

アイロンというのは日本の生活になじんだようで、なじんでいないような気がしている。私がおしゃれだと思っている友人夫婦は、アイロンを持っていない。そもそもアイロンをかけなければならない服を持っていないそうだ。ご夫君がスーツを着るときのワイシャツにはもちろんアイロンが必要なわけだが、それはクリーニング屋に持っていっている。スーツを着てネクタイを締める生活をしているビジネスマンは、シャツはクリーニング屋に頼んでいることが多い。これは何十年も前からのやり方のようで、すでに亡くなった昭和二年生まれの父も、常にワイシャツはクリーニング屋に持っていっていた。ビニール袋に入ってきちっとたたまれたワイシャツがもどってきて、いつも家にあった覚えがある。出張というと、そのシャツをビニールごと持っていっていた。いまではクリーニング屋がたたまずにハンガーにかけて渡す場合も多いようだが、あの輝くように真っ白なシャツは、家のアイロンがけではかなわない、業務用アイロンならではのものだ。近年は形状記憶シャツなるものが登場し、アイロンをかけずに洗ったままにできるものが増えた。正確にいうと、昭和三〇年代(いまの人にとっては大昔である)生まれの私が高校生の頃、すでに高校生の制服の白いシャツは「ノーアイロン」で着られるシャツだったから、アイロンなしのシャツの歴史も、思えば長い。

というわけで、くだんの友人夫婦はアイロンを持っていない。奥様もハイブランドのものはクリーニングに出すし、そのほかの服もレーヨンややわらかい素材が主体だから、洗濯した後、アイロンをかける必要もない。一九九〇年代に登場していまも最前線をゆくイッセイミヤケのプリーツプリーズなども彼女のお気に入りなので、こちらはネットに入れて洗濯機で洗えてアイロンはいらない。そんなふうだから友人夫婦はアイロンがいらないらしい。

西洋暮らしではそうはいかない。アイロンは、「絶対に必要なもの」であり、アイロンがけは「欠くべからざる絶対必要な家事」なのであった。西洋暮らしといっても西洋すべて知っているわけではないが、イギリスに五年、ブラジルで一〇年住んだ。大陸ヨーロッパは住んだことはないが、友人はいるので感覚はわかる。ブラジルをはじめ、ラテンアメリカというところは、西洋的生活様式を忠実に踏襲している地域である。ようするにテーブルと椅子に座り、ナイフとフォークで食事をし、ベッドで寝る。そしてキリスト教を中心とした(熱心な信仰を持っているかどうかにかかわらず)暮らしのあれこれということである。その西洋文化圏において、アイロンがけは、食事を作ったりお皿を片付けたり掃除をしたりするのと同じレベルの、当然の家事である、ととらえられていた。

イギリスにオーペアという制度があった。いま調べても、出てくるので、まだあるのだろうかと思う。ハイティーンから二〇代半ばくらいの若い大陸ヨーロッパ諸国の女性たちがイギリスの家庭で家事を手伝いながら語学学校に通って英語を学ぶ、というシステムである。日本人オーペアがいたこともある。いまはどうなっているのか正式な制度はよくわからないが。このオーペアの仕事は、まずは子どもの保育園や小学校への送り迎えと、留守番、次がアイロンがけであった。「手伝ってもらうべき家事、手伝ってもらえると助かる家事」の筆頭がアイロンがけなのである。

ブラジルにいた頃、医者や教員など、専門職の共稼ぎ家庭（我が家もそうであった）には、必ずお手伝いさんがいた。お手伝いさんには掃除とか洗濯とか料理とかやってもらうのであるが、彼女たちの午後の重要な仕事も、またアイロンがけであった。ブラジルでは、下着からTシャツまですべてアイロンをかけたTシャツが引き出しにおさまることになる。ビシッとアイロンをかけるからできるのでしょう、と言われるかもしれないが、お手伝いさんがいるから手伝いさんのいない家では、自分でせっせとアイロンをかけるのだ。子どもたちの父親のブラジル人医師はロンドンに留学している間、ずっと土曜の午後はアイロンの日と決めて、それこそTシャツまでアイロンをかけていたものである。

かようにアイロンが暮らしで重要視されているのだが、そのようには日本ではアイロンは使わないと思う。我が家にもアイロンとアイロン台はあっても時折使う程度だった。しかしきもの生活を始めてからはスチームアイロンは、毎日活躍している。

下着はともかく、長襦袢も長着も帯も帯揚げも、毎日洗うようなものではない。季節ごとにしか、洗わないものである。だからこそ、着た後に日々の汗をスチームアイロンで飛ばすようにして、しわをとっておくと、季節中さっぱりした感じで着られる。歌舞伎や日本舞踊などの衣装担当の方が、汗をかいた衣装に、さっとスチームアイロンをかけて汗を飛ばすということをなさるようで、私もそういう方から習った。ようするに着たきものにスチームアイロンをかけるのである。が、あまりきものの扱いに慣れていない方は、とにかく、直接きものにスチームアイロンを当てないで、しっかり手ぬぐいなどの当て布をしたり、帯などは裏からかける、というふうにしたほうがいい、とまず、最初に言っておこう。

それを申し上げた上で。

一日の終わりの手順はこういう感じである。きものを脱ぐ前にまず、スチームアイロンのスイッチを入れる、アイロンの台を出す。帯締めを取り、帯揚げを取り、帯を外す頃には、スチームアイロンの蒸気が出始めているから、まず長着にアイロンをかける。帯をして、帯の下でしわになったり、汗をかいたりしている部分を中心に、さっとスチームアイロンをかけ（慣れない人はくれぐれも、当て布をしてください）、そして、衣紋掛けにすぐかける。その後、腰紐、帯揚げ、帯、長襦袢などにも同じようにさっとスチームアイロンをかけてその日のしわを伸ばし、汗を飛ばすのである。

スチームアイロンの温度とか、かけている時間などは、それこそ生地次第である。きもの地と、なんというか対話しながら、このくらいなら大丈夫かな、という感じで、さっ、と、かけている。このあたりは、何秒とか詳しく説明はできないので、再度書くけれど、当て布を当てたり、帯は裏から当てたりするほうが、安全なのである。そうやってきものと丁寧に時間をかけて付き合っていると、そのうち舞台衣装担当さんが「さっとスチームアイロンをかけて汗を飛ばす」ってこんな感じかな、とわかってきて、「布との対話」が成立するようになってくる。とにかく「汗を飛ばし、しわを伸ばす」が目的だから、脱いだきもの一式にアイロンをかけ終わるのに五分くらいしかかからない。というか、五分くらいでかけ終える程度の軽いかけ方で十分なのだ。

毎回、しわのない腰紐や帯揚げをさっぱりと使うだけで気分がいい。慣れないうちは、腰紐あたりから、スチームアイロンを試してみてはどうだろう。

# 段取り

いまは洋服の時代である。昭和一桁とか一〇年代生まれの母の世代は、きものももっていたし、自分で着てもいたが、洋服姿の方がすでに圧倒的に多かった。この世代は日本人を洋装に変えていった世代であった。もともと和裁をしていた腕を、洋裁にきりかえ、家族の洋服をどんどん、縫ったのである。当時の女性が憧れて買うものの筆頭にミシンがあった。女性雑誌はこぞって、洋裁の型紙を特集していたものである。多くの母たちが、家族の洋服を縫い、冬になればセーターを編んだ。決して広くもなければ機能的でもない一昔前の家に、かさ高いミシンとか、自動編み器とかが鎮座していたのが、一九六〇年代から七〇年代にかけての日本であった。

当時の母たちは自分で服を作るが、ここぞというときの自分や子どもの「よそゆき」の服は、生地を買いに行って、近所の洋裁を仕事にしている人のところで仕立ててもらっていた。どのようなタイプの洋服でも既製服として見つけることができるいまからすれば、隔世の感があるのだが。当時を思い出してみると、びっくりするほどおしゃれですてきな服を作ってもらっていたわけでもないのだが、生地屋さんにいって、レースや花柄のきれいな生地をえらび、寸法を測ってもらって、仮縫いをして、出来上がってくるワンピースを楽しみにしていた。これは若かった母の記憶とかさなる甘い思い出ではある。思えば、これは、「よそゆきのきもの」を呉服屋さんに発注するのと同じプロセスだった。まさにきものの延長に、洋服もあった。

この昭和一桁から一〇年代生まれの人たちが洋服を常着とし始めた第一世代であるが、この世代は、けっこう丁寧に洋服の下着を着こんでいた。洋装の下着というものは、まず、パンツ（いまはパンツはズボンのことで、下着はパンティとかショーツとかいうが、もともと下ばきをパンツと言っていたのだ）、ブラジャー、そして、その上には必ずシュミーズ（これは現在はスリップと呼ばれているものである）、そしてパンツのうえにはガードルをつけて、それから洋服を着ていた。

母の世代がそのようにしていたから、娘の世代も同じように丁寧に洋装の下着をつけていたものである。中学校の制服の下にも、しっかりと下着をつけていた。Tシャツ文化などがビートルズの音楽とともに入ってくるようになっても、娘たちはTシャツの下に、下着を着ていたものだった。「上に着るもの」の下には、必ず何らかの下着、すなわち、シュミーズとかシャツとかガードルとかが、必要であると信じていたものだ。ボディスーツみたいなものを日常的につけている人もいたような気がする。

一九八〇年代の終わりにイギリスに住むようになり、西欧の女性たちの友人も増えて、部屋をシェアしたり、旅行したりしてみてわかったのは、彼女たちはパンティーとブラジャー以外の、おおよそ「下着」と呼ばれるようなものは一切つけていないということであった。私がスリップやガードルをもっているのをみて、「なんとクラシック!」と、あちらの方が驚いていた。当時すでにスリップやガードルなどの下着をつけるような西欧女性は、ほとんどいなかったのである。

いまでは、日本の女性も似たようなもので、下着というのはおそらくパンティーとブラジャーのみであとは、ヒートテックとか、みえてもいいようなシャツのような下着しか着けていないと思う。ワンピースでもシャツでもブラウスでも、ブラとパンティー以外に下着をつけない人も増えた。スリップを持たない人も少なくあるまい。日本も西欧並みになったのである。下着を丁寧に着たのはおそらく、以前はワンピースとかよそゆきの服はしょっちゅう洗うものではなく、ドライクリーニングに出したり、たまに洗ったりするものだったからだろう。そのかわりに下着を着込み、マメに洗っていたのだと思われる。現代では、ワンピースでも、ブラウスでも、だいたい洗えるようになっているから、別に下着をつけなくてもそのまま着て、洗濯機で洗えばよいものになっているのだ。

いま思えば、あの母たちの「丁寧な洋服の下着のつけ方」は、きものの肌着のつけ方の延長にあったのではないかと思う。きものの下着は、まずは、肌につける「おこし」つまり、裾除けと肌襦袢。そして、その上から長襦袢をつける。長襦袢はあくまで、下着の扱いである。その上から、きもの（長着）を着る。この長着は、季節ごとに洗い張りなどするものであり、しょっちゅう洗うものではなかったのだ。洋服を着るときには、おこしはパンツに、肌襦袢はブラジャーに、そして、長襦袢はシュミーズに、という位置付けであったのではないか。なんとなくそんな気がする。おそらくその頃は、いわゆる「下着の段取り」みたいなものが、和服と洋服ではそれほどどちらがわず、どちらの服を着ても、「着替える段取り」は、似たようなもの、と思われていたのではないだろうか。

というわけで、現在はほとんどの人は洋服を着ており、また、その洋服を着るときには、下着は実に簡便なものになっているし、洋服自体も簡単に洗えるようなものになっているから、いざ、きものを着るということになったとき、その段取りがあまりにちがいすぎる。

洋服では、ブラジャーどころか、ブラトップを一枚着れば、上半身は、オーケーみたいな時代なのだから、きものはどんどんハードルが高くなっていく。仕方がない。時間が経って、さまざまな段取りは失われてしまったのである。

とはいえ、段取りというのは、作ってしまえば、流れ作業でできていく。ここはもう、洋服のことはすべて忘れて、きものを着るときは新しい段取りを作るのだと、気持ちをきりかえて、モードを変えるしかない。洋服の延長線上にきものはなく、いまや、まったく切り離されたちがうものを身につける、と覚悟する。うーむ、覚悟って、たいそうだなあ。でも新しい段取り作りだから、仕方がない。

きものを着るときは、洋服の下着はつけない。パンティーやブラジャーをつけていると、きものは苦しいものになってしまうので、つけない。まずは引き出しをひとつ空けて、そこにきものの下着や足袋などをすべていれる。きものを着るときはその引き出しをあける。きものを着るときは、とにかく洋服とはちがう段取りで、まずは、裾除けをつける。そして、肌襦袢をつける。その上から長襦袢を着る。そしてきもののを重ねていく。書いていくと当たり前のことだが、このひとつひとつの着替えの段取りというものが、いまの洋服にはないのだ、ということを理解して、新しい段取りを作り上げるのである。

このきものの下着を適切に保管し、段取りをつけて着ていくということができるようになれば、実はきものを着たり、帯を締めたりということは、付随してくるものだ、ということがわかってくる。まずは、新しい段取りを身につけること、つまりは、きものの下着のつけ方とその段取りに親しむことから始まるきものライフである。

ああ、ハードルが高いのも、むべなるかな。でも、やってみると、ちがう世界が広がって楽しいですよ、と、言い続けたい、やっぱり。

# デンチコ、インバネス

きものを着る人で、自分のために誂えたおろしたての新しいきものしか着たことがない、という人はほとんどいないのではないか。きものを着る人は、だいたい誰かからもらったきものとか、リサイクルのきものとか、「古着」を普通に持っているものである。きものは着始めると集まってくる。きものを着るようになると、周囲の人がきものをくれるのである。そもそも、きものは人から人に手渡されるものだ。洋服では、自分の着た洋服を誰かにあげるというのは、よほど親しいか、何か特別なことがない限り考えにくいのだが、きものはその感覚とは異なる。きものは、他人からもらってもいいし、他人にあげてもいい。もちろん家族や親戚には喜んで渡す、そのようなものなのだ。

いまや、きものを着ていた人が亡くなると、残った家族は、多くの場合、とても困る。家族にきものを着る人がほとんどいないからである。家族は、亡くなった人が、きものをどれだけ大事にしていたか、たいてい知っている。知っているだけに、簡単に処分する気になれない。きものの買い取りなどというのもあるようだが、これはもう、情けないくらいの値段でしか買い取ってくれないか、タダで持っていってくれる程度のことらしい。故人が大事にしていたものだから、売って誰かに着てもらいたいと思ってもむずかしいので、周囲に着てくれそうな人がいれば、これ、着てやってくださいと言って渡すのである。そういうきものを私もたくさんもらっている。

実はこれらは関係性の反映であって、故人が大事にしていたものを、残った家族も大事にしようとするのは、故人と家族の関係性がそれなりに良好であったからである。故人と、故人の荷物を整理する立場の人の関係性がそんなによろしくなかった場合、亡くなった人の大切にしていたものは、大切にしてくれそうな人に譲るどころか、蛇《だ》蝎《かつ》の如く嫌われ、さっさと捨ててしまわれるのである。

母は亡くなった父との間に確執のあった人だったから、父のきものは、丸ごとすべてさっさとゴミ袋に入れて捨てようとした。それなりに上等の大島紬が何枚かあり、父も大切に着ていたもののようだったし、母もいっときはそれらを大切に手入れしていたのだと思うのだが、いつの頃からか、変わったわけである。男女間の確執に関しては、娘といえど詳細はわからないが、母が父のきものを見るのもいやだという気持ちも、彼女の抱えていた確執からすれば、わからないでもない。長女である私は、なんだか父が不憫に思われて、ゴミ袋から大島紬を数枚拾ってきて、一枚は、赤い八掛をつけて、自分の長着に仕立て直し、もう一枚の大島は、息子たち二人に一枚ずつ、デンチコに仕立て直したのである。

デンチコは方言かもしれない。デンチコとはようするに、袖のない中綿の入ったチャンチャンコ、チャンチャンコでも、通じないかもしれない、ようするにきものの上にはおる長めの「ベスト」である。寒いときに、デンチコを羽織ると背中があたたかくて、気持ちいいのだ。ニットとかダウンとかなかった頃の羽織りものであるといえよう。

わざわざデンチコを着なくても、実は普段着きものには、ダウンベストがけっこうあう。きものをよく着る友人から、あるときききものに着てみてと、オレンジ色のダウンベストをもらった。軽くてあたたかく、いい感じである。ハイネックのダウンベストだったから、ファスナーを上まで閉めれば、衿元も暖かい。きものは衿元と袖口さえ暖かければ、なんとかなるから、そのダウンベストをもらった年は、冬中、ダウンベストと、アームウォーマーで過ごして、コートは着なかった。結構気に入っていたのだが、息子から「それ、救命胴衣にしか見えないんだけど」と言われ、ショックでやめてしまった。いまでは、ダウンベストも、いろいろな色のもの、丈が長いもの、薄手のもの、厚手のものとたくさん出ているので、きものにあうものを試してみるのも楽しいと思う。ようするに、デンチコの時代から、こういう「ベスト」の形状のものをきものに羽織るのは、なかなかよろしいのである。

旅に出るとき、きものならきもの、洋服なら洋服と決めれば、持っていく荷物もそれほど多くはならない。大体きものは直線のものなので、畳みやすいから、スーツケースなどにも入れやすいしかさばらない。帯もリバーシブルで使える袋帯などもあるから、旅支度としては、きものだからと言って大変なことはない。しかし、旅先での予定の都合上、きものと洋服の両方を着ようと思って、ダブルセットアップになる場合、荷物が多くなりがちだ。しかも最も考えてしまうのが、冬に防寒具としてコートを持っていなければならないときで、洋服のコートやダウンジャケットはきものには着られないし、きもの用のコートはまた、大変かさだかい上に、洋服の上には着られないから、そういうときに、ダウンベストは、活躍できる可能性がある。きものでも洋服でも、羽織れるから。

マントやポンチョも、きものと洋服のどちらにでも使えて便利である。大袈裟なマントでなくても、ユニクロなどが時折ニットのマントや、ポンチョを売ることがあるから、そういうものも使える。衿元がゆるいタートルネックのカシミヤの長めのポンチョが売っていて、きものに合うのではなかろうかと購入してみて、とても重宝したこともある。普段着きものには、こういうちょっとしたニットのポンチョが大げさでなくて、いい感じである。本物のウールのマントも使ってみたが、きものを着ているだけで、十分に大仰なのに、それにウールのマントとか羽織ると、大げさすぎて、ちょっと遠慮する気持ちにもなる。

ウールのマントを探していた頃、スコットランドのインバネスに出かけた。そこで、これはきものにぴったりと思って、現地で売っていたマント様のコートも買ってみた。買ってみて、気がついたが、これこそ、日本で使われてきた〝インバネス〟の原型ではないか。

インバネスにも説明が必要かと思う。先のデンチコは、外来由来の言葉じゃないと思うが、インバネスは英語である。男性がきものを着ていた頃、コートにしていたのが、インバネスである。袖なしのコートで、ケープが上にかかる形になっているから、きものにぴったりなのである。二重回しとかトンビとか言われて（厳密にいうと、インバネスとトンビはちがう形である、という解釈もあるらしいが）、明治から大正にかけて流行していたらしい。実際に調べれば、スコットランドのインバネス地方に由来する名前であると書いてある。インバネスで私自身が、おお、このブルーのコートは、袖のところがケープみたいになっているからきものにぴったりだわ、と思ったのと同じようなことを、明治の初めにイギリスに行った日本のジェントルマンたちは、インバネスを見て、思ったのにちがいない。

デンチコの話に戻るが、おじいちゃんの形見ですよ、と父の大島紬で誂え直した綿入のチャンチャンコを息子たちに見せたが、反応は乏しく、もちろん、着てくれなかった。ダウンベストがある現在、デンチコを着なければならない必要性もないわけだから。でも次男はインバネスは大好きだと言っていたから、そのうちデンチコにも興味を持ってくれるかもしれない。持ってくれないだろうな。

# 必需品

着付けのプロではないし、着付けを正式に学校などで習ったこともない。友人で着付けを専門とする人に一度、教えてもらって、あとは、本を見たり、教えてくれた人にその都度聞いたりしながらきものを着てきた。自己流か、と言われれば、自己流というほど自分の流儀があるわけではなく、最初に教えてもらったことを大切にしながら、自分で学んだことを積み重ねて、心地よいように着て二〇年経ったというところか。

着付けのプロではないが、毎日のようにきものを着ているから、時折、着付けを教えてほしいと言われることがある。女子大の学生さんたちが何人か集まって教えてください、と言われたこともあるし、友人に教えたこともある。縁があって、航空会社のキャビンアテンダントの数名にも教えたことがあるが、この方々は、びっくりするほどポイントを摑むのが早く、すぐにきれいに着られるようになった。人に見られることを前提とする、いつも整った装いを求められている職業の人々は、自分を装う力とそこに衣服をフィットさせていくことに対する心構えがちがうのだな、と思った。

ともあれ、教えてくださいと言われるときには、だいたいご自身の持っているきもの、着たいきものを持ってきてもらう。基本的には、裾除け、肌襦袢、足袋、長襦袢、腰紐二本、きもの、帯板、帯、帯枕、帯揚げ、帯締めだが、これだけあれば、お太鼓を締めてきものが着られるということである。家にあるものを持ってきてもらえばいいのだが、これだけは買ってくださいというものがあり、それが「美容衿」である。それから裁縫道具。

ああ、きものを着るだけで結構ハードルが高いのに、裁縫道具ですか、いまどき裁縫なんかしたくない、と思われそうである。気持ちはわかる。私も六〇過ぎているのに大した裁縫はできない。子どもや家族のものをなんでも自在に縫っていた母の世代とは、出来がまったくちがうのである。私の母の世代、昭和一桁から昭和一〇年前後生まれの人たちは、なんでも作ることに慣れていた。私の母も、別に洋裁を習っていたという人ではなかったが、子どもや家族の簡単な洋服は作ったし、私が給食袋がほしいといえば、さっと縫ってくれた。また部活でなぎなたをやることになったといえば、白のサラシでなぎなた用の道着（上衣）をすぐに作ってくれたし、踊りの扇子を入れるものがほしいというと、デニムでバイアステープを使いながら、とても使いやすい扇子入れを、あれよあれよという間に作ってくれた。ああ、それなのに。一世代下がると、何にもできない。

二〇年ほど前、日本に住んだことのない小学校二年生と四年生の息子たちを連れて、ブラジルから帰国し、彼らは二学期から板橋区立小学校に入ることになった。学校から「給食袋」「連絡帳袋」「上履き袋」を作って持ってきてくださいと言われた。え？私が作るんですか？　全部？　あわてて、デジモン柄の布を買ってきて、友人のミシンを借りて、文字通り、ひいふう言いながら、これらを作り上げて、それが本当に大変だったことを覚えている。情けないことである。

世代は変わったというのに、日本のお母さんはこういうものをまだ、はいはいと作れるのか、すごいなあ。一〇年日本に住んでいなかったから、そのことにも驚いた。しかし後になって周囲の人に聞いてみると、みんな、大体私と似たりよったりで給食袋に連絡帳袋など作ったこともないという。私が当時自分で縫う羽目になったのは、二学期から転校したからで、新年度になるときには、こういったものはまとめてスーパーなどで売られているらしい。あれから二〇年経っているから、いまでは、きっともっと簡単に百均とかで買えるのであろう、おそらく。

それはともかく。裁縫などやったことがなくても、きものを着るようになると、やっぱり裁縫箱が必要になる。「美容衿」を長襦袢につけるために、どうしてもいるのだ。針など持ったこともない人も、「美容衿」だけは、買ってほしいし、つけてほしい。これがあれば、着姿が最初から、ぴしっと決まるからである。つまり衿元が決まるのだ。

きものに慣れない頃は、どうも衿元がぐずぐずした感じになる。きもの姿が格好がよいとされるのは、後ろ姿は抜かれた衣紋が美しく、衿が程よくVの字に広がる様をいう。慣れないうちはそれがうまくいかない。衣紋を抜いたつもりが、だんだんつまってきてしまったり、胸元も長襦袢につけたはずの衿がきものの衿で隠れてしまったり。広やかな感じに見せたいのに、こちらもつまってきたりしやすい。美容衿を使うとそういう悩みが解決される。衿というのは長襦袢につけるものなので、普通の衿の代わりに、美容衿を長襦袢に縫い付けるのである。きものを買いに行って反物を体に合わせてみるとき、呉服屋さんが衿元に当てて胸元にくるくると紐を巻くように衿を作ってくださる。あれが、美容衿なのだが、買いに行ったことがない人にはわかるまい。成形した衿に紐がついており、さらに、背中の部分にT字に布がついていて、そこに紐を通すようになっているものを美容衿という。
美容衿のメーカーもいくつかあって、そのメーカーのランジェリーとともに使うことをすすめられることもある。それもいいけれど、基本は「白の塩瀬」の美容衿。長襦袢に縫い付けるだけで便利なのである。衿元は汚れるので、衿は取って洗うものだから、美容衿をつけるときもそんなにきっちりと縫い付けなくても、ザクザク付けるだけでよい。縫い付ける場所は三箇所、衿の真ん中あたりと、衿の両端を簡単に留める。美容衿自体が成形されたものなので、どこにつければよいかは、長襦袢に美容衿を当ててみると自ずとわかる。

白い衿はすぐ汚れるので、取り外して、ネットに入れて洗濯機で洗う。そしてまた付ける。毎回のように付けては取り外して洗って付けて、というのが面倒だと思われるかもしれない。私自身は袷の普段着のときは、白ではなく、黄色い衿を使うことが多いと先に書いた。黄色の美容衿（結構見つけるのがむずかしいので、白の美容衿を紅茶などで染めるのもよいかと思う）は、二部式襦袢に縫い付けて、そのままネットに入れて洗濯機で洗いながら使っている。また、夏には、衿つきの袖口がレースの肌襦袢に直接、白い絽の美容衿をしっかり縫い付けて使っているのだが、こちらも毎日美容衿ごと、洗濯機で洗っている。

裁縫箱が必要ですよ、と書いたけれど、このやり方なら、それほど裁縫箱はいりませんね。とにかく美容衿を使いこなすと、きものの着姿が慣れたものになるし、ネットに入れて洗濯するような設定にもできるので、便利な必需品なのである。

# ミンサー

ミンサーは、私の最も愛する帯である。一貫して、そうだった。二〇〇三年にきものを日常着として毎日着ようと決めたとき、私のきもののメンターたる女性が、まずこれを買いなさいと勧めてくれたのが、黒を基調としてオレンジや黄色が配されているミンサーの名古屋帯だった。まさに、仕事をしたりする普段着きものの帯としては、本当に使いやすく、あたたかみがあり、私にとっては博多帯と並び、日々の仕事と日常を支えてくれる帯なのである。

ミンサーには馴染みがあった。二〇代に琉球大学保健学研究科で学んだとき、八重山芸能研究会に入れてもらって、八重山の踊りを習い、踊っていたことがある。八重山芸能研究会は、大学の部活であるが、八重山の島々で古老から踊りや歌や芸能を習い、それを舞台にあげる。どの島でも、教えてもらえるものと教えてもらえないものがあるのだが、そのときに教えてもらえたことを大切に、研究会の財産として後輩たちに伝え、さらにまた取材を重ねて、それらを舞台にあげていたのである。沖縄復帰前、一九六七年に結成されてから、二〇一九年春に解散するまで、五〇年余り続いた、学生の部活というにはあまりにも質が高く、ハイブロウな活動であったと言わねばならない。発表会の最後には、「浜遊び《はまあし》」という、若い男女が浜で踊り歌うという設定でさまざまな踊りを披露していたのだが、その場面で男はドタティ、女はムイチャーと呼ばれる労働着を模したきものを着る。ムイチャーを着るときに締めていたのが、ミンサーの細帯だったから、ミンサーがなんであるかは、そのときからずっと知ってはいたのだ。

でも、そのミンサーが名古屋帯になっていることは、迂闊にも、四〇代半ばできものを日常着として着るまで知らなかった。ミンサーはもともと、竹富島をはじめとして、沖縄八重山地方で織られている木綿の帯である。「ミンサー」という名前の、ミンは綿、サーは細帯のことであるらしい。もともと、男性が締めるような細帯であり、女性たちが、心を込めて、思いを寄せる男性のために織っていたのである。五つと四つの絣の模様の両側には真っ直ぐな思いを表す線があり、帯の縁には、ムカデの足のような模様がついていて、竹富の言葉でその模様は「マーザヌパン」と言われ、足繁く通う、という意味であったらしい。つまりは、「いつ（五つ）の世（四つ）までも、ムカデのように足繁く通ってください」という意味であったと言われているのだ。

その意匠はとても印象的で、一度見ると忘れることはない、シンプルで力強く、美しいものだ。そういう女たちが織る紺と白の細帯だったのだが、近年、名古屋帯や袋帯として織られ、自然な染料や化学染料でいろいろな色のものが出てくるようになった。八重山芸能研究会を通じて、八重山の歌と踊りを愛するようになり、踊る機会はなくてもずっと心に携えてきたから、きものを着るようになって、まず、ミンサーに出会ったときは、本当にうれしかった。

ミンサー帯は、木綿の帯であるから、少し雨模様だったり、天気が悪いときにも、あまり気にせず使うことができる。むしろ今日は、雨が降りそうだな、と思うときは、木綿のきものにミンサーの名古屋帯で出かけると安心である。

きもので仕事ライフを始めた二〇〇三年、最初に購入した名古屋帯のひとつがこの黒のミンサーの帯であったが、あまりに使いやすいので、この二〇年でいくつも揃えることになった。現在は、名古屋帯はミンサーの色ちがいを四本持っている。まず最初に求めたのが、この黒地にオレンジや黄色の配色の名古屋帯。これは紬のきものであれば、どんな色でも映えるので、合わせやすい。だから最も愛する帯で、最も頻繁に使っている帯なのだが、二〇年近く使ってきても、びくともしない。いままでで数回、洗いに出しているが、その度にすっきりとぴかぴかで戻ってくる。どこのほつれもなく、色も褪せない。絹の帯と比べると、それほど高価ではないとはいえ、安くはない伝統工芸品のミンサーの名古屋帯だが、まさに、酷使に耐える丈夫な帯であることは、実際に使ってみてしみじみとわかる。

二本めに購入したのは、黄緑色のミンサーの名古屋帯で、こちらもやさしい色で仕事に着るような紺色、茶色などの色のきものによく似合う。とりわけ春先にはよい。三本めは、まさに化学染料ということがよくわかるかわいらしいピンク色のミンサーで、やはり紺色の木綿や紬によく映える。この三本はすべて、石垣島で織られたもので、三本もあれば、十分に使いまわせる。が、あるとき、手入れをお願いしているチェーンの呉服屋さんで、持っておられるきものによく合うミンサーが入ったのですがと、連絡をもらった。見せてもらうと、こちらは自然染料（何で染めたのだかを聞き忘れてしまった）で染められ、竹富町で織られたグレーのミンサーの名古屋帯で、その色のなんともいえないあたたかみに惹かれて、ついふらふらと四本めのミンサー名古屋帯を購入してしまったのである。

これらの四本のミンサー名古屋帯の他に、ミンサーは赤い半幅帯と白い半幅帯、それに細帯も一本、持っている。赤い半幅帯は、友人の日本舞踊の発表会で盆踊りのようにみんなで踊るから出て、と言われて、浴衣に締めるために購入したもの。白い方のミンサーの半幅帯は、石垣島で戦後、生活改良普及員をしていた女性にお話をうかがいに行ったときいただいたもので、真っ白な地色に紺色の模様が描かれていて美しい。細帯は、まさに踊りのお稽古のときに締めるものである。つまり私の手元には、現役として常に活躍し続けるミンサー帯が七本もある。

この二〇年間、これらのミンサー帯を最も使いやすい仕事用の普段着の帯として使ってきた。木綿だからすべらないので初心者でも締めやすい。ミンサー織自体はいまや沖縄を代表するお土産品となっており、帯としてよりも、ハンドバッグや、ポーチ、名刺入れや財布、コースターなど、かわいらしい小物として人気があり、値段も手頃なので、多くの人に求められていると思う。きものを着る人がどんどん減っていって、帯としてのミンサーだけでは立ちゆかないから多くの小物が作られているわけだが、帯としてのミンサーの、締めやすさ、扱いやすさ、美しさなどの実力を知れば知るほど、ミンサーが小物にされているのは、少し悲しいし、歯がゆい思いが残る。

きものを長年着ていると、それらのきものに導かれることも多い。ミンサー織を次世代にシステマティックに伝え、現在のミンサーの普及に尽力したという方のお孫さんにも会うことができた。二〇年ずっと身につけていると、ミンサーの継承に尽力された方のもとにも、辿り着くことができる。その女性は当然すでに他界されておられるが、そのお孫さんから、ゆっくりとミンサー伝承についてうかがってみたい。きものを着ているだけで、縁が繋がれてゆくのである。

# 帯揚げ

ここまでにも「腰紐一本だけ」を残す着付けについて書いた。着物研究家、笹島寿美さんが提唱しているもので、腰紐一本をしっかりと締めるだけで、胸紐は仮紐として着付けのときに使うが、着付けが終わったら抜いてしまう。伊達締めも使わない。結果として、胸元に余計な紐がなく、大変、楽な着付けの仕上がりとなる。この着付けの仕方を知らなければ、おそらく仕事着として毎日きものを着ることにはならなかっただろう。私にとっては大切なノウハウとなった。

胸紐や伊達締めがとりわけ必要でないというのは、きものは空気を抜きながら一枚ずつ着付けていくと、きっちりと紐で留めていなくても胸元などはそう着崩れないものである、ということが前提である。それが前提なのではあるが、現実には、帯揚げとか帯枕など胸元で締めることになる「紐様」のものは、結構あるので、わざわざ胸紐や伊達締めは必要ではないというところがあるとも考えている。仕事できものを着るときは、だいたいお太鼓を締めることになる。お太鼓の帯結びをするときは、帯枕と帯揚げを使う。帯枕も帯揚げも胸元で結んで使うものだから、とりわけ胸紐や伊達締めを使わなくても、安定する。だから胸紐くらい抜いてしまっても大丈夫だし、伊達締めもいらないという結論になるのだ。

帯枕には必ず紐がついているが、帯枕を細長いガーゼの真ん中で包んで、そのガーゼの端を胸の前で結ぶ方が安定するし快適である。以前は、そのようにして、冬用の帯枕と夏にはへちまの帯枕などに、ガーゼのカバーをつけて、季節ごとに使い分けていたのだが、いまは、一年中、たかはしきもの工房の「空芯才」という帯枕を使っている。雑誌『七緒』の仕事を通じてご紹介いただいたもので、まずフォルムが美しい。帯枕として理想的な高さと厚みがあり、お太鼓がとてもきれいに仕上がる。やわらかいので、背中によくフィットして気持ちがいいし、通気性のよい素材なので、夏もへちま並みに、暑さを感じにくい。ガーゼのカバーをかけなくても、前に結ぶ紐部分も含めて、一体化していて、紐部分もやわらかい布でできているから、結びやすい。さらに、丸ごと洗濯できて、いつも気持ちよく使えるのも、うれしい。

調べてみると、高さは三種類ある。私の持っているのは、高めのもので、仕事で着る普段着にも使っている。

お太鼓を締めるときに必ず使う帯揚げは不思議なアイテムである。決して、きもの生活のメインに君臨するような、目立つものではない。だいたい半幅帯結びのときには、使いもしない。お太鼓や二重太鼓や銀座結びで大活躍するものの、きもの姿が出来上がったときに、ほんの少しだけ控えめに見えるだけのものだ。それでも帯揚げの手触りのやわらかさ、色の美しさ、並べてみるときの艶やかさは、いわゆるスカーフのコレクションを並べてみるときの気持ちと少し似ている。

きもの生活も二〇年近いので、いろいろな帯揚げが揃ってはいるのだが、現実には一年の八割がたは黄色の帯揚げをしており、それ以外は、ほとんど、「ゑり萬」の飛び柄の帯揚げをしていることに気づく。

きもの周りの小物の世界で、京都の「ゑり萬」の帯揚げと、東京の上野池之端の「道明」の帯締めは、やはり格別のものであるように思う。先般、働く場所はちがうが日常的にきものを着ている方々と同席する場があった。踊りのお師匠さん、伝統芸能の異なるジャンルのお師匠さんお二人、そして女子大という仕事の場できものを着ている私、全員、まったく異なる装いをしているにもかかわらず、見事に、帯揚げは「ゑり萬」、帯締めは「道明」だった。

花街の芸妓さんも、花柳界の奥様も、みんな、この二つをつけている姿が目に浮かぶ。こんな上等のものをつけていてすごいでしょう、と言いたいのではない。「ゑり萬」の帯揚げも「道明」の帯締めも、もちろん安くはないが、他の帯揚げ、帯締めと比べて、飛び抜けて高価というものでもない。それでも、きものをなんらかの形で日常着とする人には、結果として、こよなく愛される帯揚げ、帯締めとなっているのは、両方、実に使いやすいから、ということに尽きる。「道明」の帯締めは絶対にゆるむことがないし、「ゑり萬」の帯揚げはどんなきものにも合わせやすい。「ゑり萬」の帯揚げと「道明」の帯締めをつけているきもの仲間に会うと、「むむ、おぬし、できるな」と思う……というのは冗談にしても、この人は、きものをよく着ている人なんだな、きものに慣れているんだなという、暗黙の了解に至るのだ。わかっている人がつけているのねという、いやらしい言い方にならねばよいが、逆に初心者の方でも、このあたりから揃えていかれるとまちがいがないということでもある。

「ゑり萬」の帯揚げは、いろいろな柄があるが、最もよく使われていて、確かに使いやすいものは、白地にえんじの花（お店の方によるとこれは菊ということらしい）の飛び柄の帯揚げである。きものを着て暮らしたいと思うときに、最低限揃えるとよい帯揚げは、慶事の礼装用の白い帯揚げ、お悔やみごとのときの黒の帯揚げ、そして礼装とお悔やみごと以外のときに使うように「ゑり萬」の白地にえんじの花の飛び柄の帯揚げがあればいいのではないか、というのが勝手な結論である。

結婚式などの礼装用には、金や銀の入った帯揚げも使われているが、真っ白の帯揚げをつけていて失礼になることはないので、礼装には、白い帯揚げ、それに白い帯締めがあればよい。お悔やみごとのときには、黒の帯揚げ、黒の帯締めである。身内の葬儀のときには黒喪服をつけ、それ以外の葬儀には寒色系の色無地に喪の帯、黒の帯揚げ、黒の帯締めを使うし、法事には半喪の帯にして、そこに黒の帯揚げ、帯締めが使える。そういう白か黒の帯締めを使うような機会以外には、ほぼ、すべて「ゑり萬」の飛び柄の帯揚げが使えるのではないかと思うのだ。

まず、きものの色を選ばない。この白地にえんじの飛び柄という帯揚げは、考えうる限りのほぼすべての色のきものに使うことができる。明るい色のきものにも控えめな感じで寄り添ってくれるし、仕事着としてよく使うような紺や茶の暗い色のきもののときは、えんじの花柄がちらりと見えることで華やかさも添えてくれる。さらに、素材も選ばない。お茶席などやわらかいきものに袋帯が期待されるような席での装いにはぴったりである。どのような柄の訪問着にも合うし、色無地には帯揚げは柄物を選びたいから、そちらにもすっと馴染む。このようにやわらかいきものに馴染むような帯揚げでありながら、紬など、織の普段着にもまた、よく合うのである。

きもの好きな方に何か小物をプレゼントしたいと思うときは、まず、この「ゑり萬」の飛び柄の帯揚げがおすすめである。白地なので、汚れやすい。洗いに出していると、だんだん、ぱきっとした白地ではなくなるので、新調したくなる。だから、持っているのと同じものをもらっても、とてもうれしい。持っていそうな人に差し上げても喜ばれるし、初めてもらう方はもっとうれしいはずである。

# うしんちー

二〇〇三年から日常着、仕事着としてきものを着始めて、そろそろ二〇年になる。四〇半ばで着始めたのだから、齢六〇半ばになろうとしているわけである。きものを着て暮らすと、それだけで十分に目立つ。普段着として着ているわけだし、職場である女子大の学生とふつうに接しているから、自分としては特別なことをしているという気持ちはすでにない。にもかかわらず、ときおりきものを着ている人とすれちがうと、目にとまるし、ああ、きものか、珍しいなあ（自分も着ているのに）などと思ってしまうから、周りは私をそのように見ているのだろう。その自覚はありながら、二〇年きものを着て暮らしてきた。まあ、しょうがないか、目立っても、という感じで。

この二〇年で、きものをこういうふうに着たいなあということを、ひとつずつ実現してきた。お金をためてがんばって新調したり、ずっと探し続けてリサイクルの一品を見つけたり、偶然にいただいたものがずっとほしかったものだったり。さまざまな出会いがあって、「着たいきもの」を着てきたのだ。

沖縄のきものが好きだし、大島紬が好きで、琉球弧というか、南西諸島というか、そちらのきものをとりわけ愛して着ている。最初にもとめた夏大島の涼しさに感動したし、教え子のおじいさまのおつれあいのものをいただいた古いバンジョー柄の紺地の琉球絣は最も気に入っているきものである。ミンサー帯は何本も揃えて一年中つけている。そうやって、二〇年かけて、すこしずつ着てきたのだ。

そんななか、まだ持ってもいないし、着たこともないが憧れ続けているのが、「うしんちーで着るきもの」である。うしんちーとは、沖縄で着られていた、帯をつけないきものの着方で、「うしん」というのは「うしくむ（押し込む）」ことで、「ちー」は「着方」であるらしい。対丈《ついたけ》の単衣のきものの、まず下前を半襦袢の上に締めた紐（ウエスト位置くらい）に押し込み、さらに上前もその紐に上から押し込むようにして着付ける。対丈のきものではあるが、腰周りはふわりとしたふくらみがでるように着付けるため、そのように仕立てられている。帯を締めるきものの着方とは、根本的に発想からしてちがう。帯を締めない後ろ姿は、腰のあたりがふわっとしていて、なんともいえない色気がある。この「ふわっとさせかた」にそれぞれの個性もあり、好みもあったらしい。袖は広袖、つまりふつうのきものだと袖口の下は縫い閉じてあるが、うしんちーで着るきものの袖は、袖口が上から下まであいている。当然、涼しい。琉球舞踊に「浜千鳥《ちじゅやー》」という女踊りがある。くじりごーし（崩れ格子）とよばれる大きな模様の入った紺地のきものをうしんちーで着付けて、踊る。華やかな紅型《びんがた》で踊られる舞踊ともちがい、短めのきものに細帯で踊られる雑踊《ぞうおど》りともちがい、なんともいえず、女らしく、色っぽい踊りで、この「浜千鳥」が踊りたくて琉球舞踊を始められる方も少なくないようだ。

二〇二二年現在六〇代の、私と同世代の沖縄の女性たちは、祖母たちの世代がうしんちーのきものを着ていたことを記憶しているが、現在、那覇の街角でうしんちー姿の女性を見かけることは、まずない。きものの女性を見かけることが日本全国どこでも珍しくなった以上に、着ている人を見かけない。ようするに、踊りの衣装以外、見かけることがなくなった着姿なのである。

きものを日常的に着るものにとって、盛夏に薄い夏物をさらりと着るよろこびは特別なものだ。きものは実は涼しいんですってね、あるいは、きものって暑くないですかと、夏にきものを着ていると、しょっちゅう、どちらかのコメントをいただくのだが、まあどちらもあたっていなくはない。きものは、脇、裾、衿元がすっきりとぬけているから、からだと衣服の間を風がぬけていくようだ。つまりは、きものは涼しい。しかし、同時に、帯の下にはかなり汗をかく。冷房がきいている部屋などではちょうどよいのだが、夏場に外を歩いているとやはり、何枚も巻いてある帯の下は、軽い夏帯であろうと、しっかり汗をかく。きものは、暑いというのもあたっているのだ。帯は、夏場はなくてよいのではないか、あるいは、もっと細い帯で着てもよいのではないか、と思っていた。

亜熱帯の暑い沖縄では、きものはそのように、帯なし、あるいは、細帯で着られていた。新聞の記事や文献などでは、帯なしのうしんちーでの着方と、細帯を締める着方は、時代や場所によってちがうように書いてあることもあるが、ようするに、体を動かして仕事や作業をするときは、基本的には、細帯を前で結んで締めていたのではないかと思う。帯をしないうしんちーは、出かけるときの服装というかんじだったのではないか。

夏のきものは基本的に涼しく、暑いのはとにかく帯なのだから、帯を締めなければ涼しい。夏きものを着るたびに、毎年、いつか、きっと、うしんちーのきものを着て、夏を過ごしたいと憧れてきた。でも、現在、着ている人をみたこともないし、これはもう、覚悟がないと着られないな、とは思っていた。

しかし別に私が覚悟を持たなくても、周囲は「ああ、あの人はまた変わったことをしている」と納得してすませてくれるようになった。そもそも六〇代の女性が何をしようが、誰も何も言ってもくれない。そういう自由を得ていると思うので、もう夏はうしんちーできものを着ようと思う。那覇でさえ、誰も着ていないうしんちーであるが、那覇生まれ那覇育ち、那覇の市場の隅々まで知り尽くしている友人が、リサーチをしてくれていて、うしんちーのきものを仕立ててくれる店もすでに特定してある。ここ一〇年くらい結構足繁く通って、「いつかはうしんちーを作りたいです」と、お店の方にもお声かけしてきた。手のかかる琉球絣はもともと高級なものではあるが、その店では手の届く値段で、うしんちーにするとよいような琉球絣を扱っている。ここまでで、足りなかったのは、さあ作るぞという決意だけであった。

きものを着て女子大の教壇に立っていると、おりにふれ、学生が「先生、きものいいですね、私もいつか着たいです」と言ってくれる。いまは着ていなくても、ハードルが高くても、四〇過ぎたくらいで、ああ、きものをずっと着ていた先生がいたなと思い出してくれて、きものを着てくれるようになるといいと思っている。大学教師として の時間も終わりに近づいているいま、そろそろ、うしんちーのきものを着て、教壇に立ってもよいだろう。これは、沖縄のきものの着方なのよ、この年齢で初めて着ているけれど、きっと若い頃に着ると、とっても色っぽいと思うわよ、とか言いながら、学生の記憶に、うしんちーを組み込みたい。

この夏に、仕立てよう、うしんちーのきもの。

# 上布

きものには一枚一枚思い出があり、ストーリーがある。誰かにいただいたきものなら、それぞれにその人の思い出、そのきものの思い出が付与される。誰かに買ってもらったきものというのも、またその買ってくれた人のことを忘れがたくさせる。

きものは長く、親が嫁に行く娘に揃えてやるものであった。もちろん、そこそこお金に余裕のある家のことである。娘に持たせる余裕のない家も多かった。だからきものを揃えてもらって嫁に行くことは、長く若い娘たちの憧れであったことだろう。しかし時はすぎ、「娘が嫁に行く」という言い方自体がポリティカルに正しくなくなり、そういった状況も、前世紀のものとなり、娘にきものを持たせる母の方も、きものの着方自体がわからなくなったり、娘もちっともきものがほしくなくなったり、もらっても困ったりし始めた。

親が娘にきものを持たせるということは、よほどの家か、和装に親しみがあるような職業の家庭でしか行われなくなったと思う。現在六〇代の私の世代では、親にたんす一竿分のきものを揃えてもらった人もいるにはいるが、みんな、きものは文字通りたんすの肥やしとなり、はっきり言って持て余している人も少なくない。時代は変わったのだ。

いまどき親に買ってもらうきものは、成人式のきものくらいではないだろうか。それもレンタルが増えているので、あまりないかもしれない。そもそも成人式の振袖は、おおよそ若い頃しか着ないものであるから、自分の娘に譲りはしても、親に買ってもらったきものと思って生涯大切に着るようなものではないのである。

女性にきものを買うのは、親の次には、配偶者、夫ということになるだろう。甲斐性のある男性は、女性にきものを買ってあげることが喜びである、という時代もあったのだ。妻に買うのみならず、芸者さんたちは「旦那さん」からいつもきものを買ってもらっていた。情けをかけられるということと、きものを買ってもらうということがほぼ同義だった時代もあったような気がする。「情けをかけられる」もまたポリティカル・コレクトネスに反する言葉遣いではあるが。とにかくいまは昔のお話なのである。

私は親にもらったきものはないのだが、亡くなった夫には、何枚かきものを買ってもらった。

紺色の、とてもすっきりした能登上布もその一枚だ。夫と金沢旅行をしたときのもの。兼六園のそば、伝統産業工芸館のショーウインドウに何枚かの、実に美しく、心奪われるような能登上布が飾られていた。工芸館のガラスの奥の展示品などとても買えないと思っていたのだが、想像していたより、一桁安くて、勤め人同士の夫婦がちょっとがんばれば手に入れられる、と思うような値段であった。夫に買ってもらったその反物を、のちに仕立て、夏によく着ている。夫が亡くなったのは六月の末だったから、毎年七月になれば、能登上布を着て、夫を思い出す。

上布というのは、端的に言えば、麻のきものである。苧麻《ちょま》などの植物を原料とし、そこから繊維を取って糸に紡いで織り上げる。少しごわっとした感じになるが、肌にくっつかず、大変涼しい。トンボの羽のように薄く、美しい。常々きものは夏物が最も美しいと思っているが、上布もまた、代表的な美しい夏のきものなのである。

上布の何がいいかというと、絹ではなく、麻のきものなので、汗をかいたら、自宅で洗濯できることである。夏にはどうしても汗をかくから、できるだけきものも洗いたい。丸洗いに出す、洗い張りをするなどでなく、家でそのまま洗えることはとても助かる。

ちなみに絽の紋付や訪問着などではない夏の普段着のときは、私は長襦袢は使わない。暑いときなのだから一枚でも少なく、涼しく着たいからであるし、夏はきものはともかく、下着としてつけているものはできるだけ毎日洗いたい。上は袖口にレースのついている衿付きの肌襦袢に絽の美容衿を縫い付けたものだけ。下は、裾除けだけのことも多い。居敷当《いしきあ》てのついている夏物のきものは透けることがないので、裾除けだけで着る。ついていない透けるきもののときは、裾除けを二枚つけたり、湯文字と裾除けを合わせたりして着る。どちらにせよ、美容衿のついた衿付き肌襦袢も裾除けも湯文字も毎日洗う。少なくとも下着だけは毎日洗える状態で着ているわけである。

上布に戻ると、もともと苧麻は日本のあちこちで栽培されており、男たちが収穫して、女たちが糸を紡ぎ、織り上げていた。現在、上布と呼ばれて、最もきもの好きの間でよく知られているのは、宮古島で織られる宮古上布、八重山地方で織られる八重山上布であろう。こちらは、収穫から、織り上げるまで大変な作業が必要で、手間のかかるものであるから、きものを購入しようとすると、六桁ではなく、七桁の単位のお値段になってしまう。しかし、もともと、市販の衣服などが手に入らなかった頃、上布は家の周りに植えられている苧麻を使い、家庭で織り上げられ、作られるものであったのだ。八重山地方で生まれ育った、二〇二二年現在、七〇代後半の男性は、幼い頃は、普通の衣服が手に入らなかったので、いつも、母親が織った上布や芭蕉布のパンツやズボンを履いて学校に行っていた、と話しておられた。上布のパンツはさすがに履き心地がいまひとつだったかもしれないが、ズボンはさぞや涼しくて快適であったにちがいない。ちなみに上布は苧麻から繊維を取って糸にするが、芭蕉布は、糸芭蕉から繊維を取り出し糸にする。いまは沖縄本島の喜如嘉《きじょか》の芭蕉布がよく知られているが、以前は八重山地方でも盛んに織られていたという。

現在、八重山地方で七〇代くらいの男性は祖母や母たちが懸命に機織りをしていた姿を明確に記憶している。悲しい人頭税の時代はすでに終わっていたが、人頭税の時代に強要された美しい布を織る技術は、まだ娘や嫁に伝承されていたのである。衣服というものは、地場の植物を使い、糸を紡ぎ、機にかけて、家族のものを織るものであったのだ。八重山の母たちは、上布や芭蕉布を洗剤で洗うといたむので、シークワーサーと呼ばれる沖縄の柑橘を使って洗っていたのだという。シークワーサーの季節になると、山ほど取ってきて、シークワーサをたくさん絞り込んだ水で上布、芭蕉布を洗う。いま、上布を家で洗うなら、普通の洗剤で手で洗うか、ネットに入れて洗濯機で洗うか、ということになってしまうのだが、もともとは、自然の素材で汗や汚れを落としていたということらしい。

そんなふうに先島《さきしま》の暮らしに根付いていた上布であるが、いまはもう、作家として以外に、織る人はいなくなってしまった。きもの自体を着る人が本当に少なくなったこの頃、生活の上で作るものではなく、作家が作るものとなった上布は、普通の人の手には届かない値段がついている。それでもかりゆしウェアをはじめとするシャツの上質の素材として使われるようになっているし、上布自体はすたれることがなさそうだ、というのが唯一の救いであろうか。

# うしんちーのきものを着る

沖縄のきものの着方、うしんちーについては、前の章で書いた。琉球独特の仕立ては、和服と異なる。

古琉球衿の長着の形は、ケーシクビと呼ばれる返し衿であったらしい。時期はよくわからないものの、大正から昭和にかけてどうやら琉球でも和洋折衷の仕立てに変化していったということである。現在では琉球の長着を仕立てるのはほとんど、琉球舞踊をやっている方だが、その場合も和装と同じような棒衿の共衿つきに仕立てているそうだ。[*1] 今回は、古い琉球の形で、ケーシクビで仕立ててもらった。衿を返しての着付け方なので、うしんちーで着付けると、右側の太もものところに特徴ある返し衿の衿先がくることになる。これが古い琉球の形なのである。

またネーチリという揚げも入っている。衿先の高さの位置で身頃に入っているのである。ネーチリも、琉球着物の特徴であり、ネーチリが入れられるということは、生地がたっぷりあるという裕福の象徴だったようだ。[*2] 結果として仕立てるときに、身丈を和装に直せる丈で裁断してもらうと、ネーチリが入ることになる。具体的には、返し衿の衿先がくるあたりにネーチリの線が入る。上前を押し込んでいるあたりからネーチリの線が斜めに入っているのが見える、という形になる。これはある意味、アクセサリーのような飾りなのだという。[*3] 琉球独特の飾りというわけだ。

このように仕立てられた琉球の女性用の長着は、「細い帯を前に結んで着付ける」か、「帯なしで、うしんちーで着付ける」のどちらかとなる。長着は仕立てが同じなので、打掛としても活用可能であるらしい。[*4] 打掛はいわば、コートや羽織りのような位置付けで、別の長着のうえからかけて着たり、長着の代わりに胴衣下裳（ドゥジンカカン）という正装をつけてその上からかけて着たりするのである。

カカンという言葉を久しぶりに聞いた。すでに書いたが、いまを去ること四〇年近く前、琉球大学保健学研究科にいた頃に八重山芸能研究会という部活に一年だけ入っていた。短い間だったけれど、衣装係などやらせてもらったので、当時は一通り衣装のことも覚えていて（覚えようとしていて）、そこにカカンもあった。スディナ・カカンと、セットで呼んでいた。真っ白な細いプリーツの入った長いスカートのような下裳《したも》であるカカンの上に、紺色の長着としてのスディナを合わせる。本当に美しく、当時の私は、高松塚古墳の壁画に出てくるような姿だなと憧れて見ていたものだ。八重山芸能研究会では、それぞれの島の祭祀で踊られている芸能を、島の人から直接習って、舞台に挙げていた。いまも島の祭事にはこのスディナ・カカンが着られている。

それはともかく、そのように琉球風に仕立てた長着をうしんちーで着るとき、下着はステテコのような袴をはく。いわゆる舞踊のときの下着、脚絆のようなイメージである。和服と同様に、裾除けでもいいと思う。上は筒袖の肌襦袢に白い衿をつけたものを使う。夏物の和服の長着を着るときに使う、筒袖にレースがついていて衿がつけられるようになっている肌襦袢でよい。

これらの下着をつけた後、うしんちーで長着を着る際には、下着の上に腰紐を結ぶ。この腰紐に、きものの衿先の少し上あたりを押し込んで行くということになるのだが、まずは、普通の和服のときと同じように裾の丈を決め、左の脇線を揃える。そして、腰に添うように右の衿先を引っ張って、腰紐に上から押し込むのである。「うしんちー」とは、もともと「押し込む」という意味なのだから、そうするのだ。その後左の衿先を右に持ってきて、上から腰紐に、こちらも押し込む。押し込んだ後に、簡単に外れないように、ハンカチなどを詰めておくのもよいらしい。ここまで着付けて、あとは形を整える。後ろ腰のあたりと左の前側をふっくらさせる。このふっくらした感じこそが、うしんちーの着付けの魅力であると言われている。帯は締めないので、衿元を整えて、これで出来上がりである。足元は、白足袋に草履を履く。

はじめてうしんちーの着付けで、南青山のレストランまで出かけた。沖縄の研究を続けてきた博士候補生の、論文進捗状況を聞くことになっている。ハワイに移民した沖縄の人々のことを研究している彼女への敬意を、おろし立てのうしんちーのきもので表したいと思ったのだ。

生まれて初めてうしんちーで出かけるのは、さすがにちょっと緊張することだった。うしんちーのきものは二〇年以上憧れつづけていたけれど、仕立てたり着たりする勇気がなかったのだ。満を持して仕立てて着たのだが、着てみるとなんだかあっけないくらいに体に馴染み、そして東京では、さほど目立ちもしなかった。まあ大都会では、だいたいどんな格好をしていてもそんなに目立つわけではないのだけれど。きものを着ているということは、それなりに目立つが、うしんちーのきものは、その「きものを着ているので目立つ」というカテゴリーにおさまる程度であることがなんとなくわかった。わかったというより、そう感じたとしか言いようがないのだが。

八月の末、まだまだ暑い東京で、うしんちーのきものは実に快適であった。さらっとワンピースを着ているかのようだった。涼しく、快適で、気持ちがよかった。うしんちーを多くの人に勧めたい。帯を締めないのだから簡単だし、きものを着てみたいと思っている人には、きものよりハードルが低いような気がする。

この二〇年越しのうしんちーのきものを仕立てることができたのは、ずっとリサーチし続けてくれていた那覇生まれ那覇育ちでいまも那覇に暮らす親友のおかげであり、彼女が探してきてくれた、実に粋な呉服屋、平和通りのよへな商店のおかげであり、よへな商店がご紹介くださった「新装」の呉屋芳子先生のおかげであり、具体的に監修してくださった呉屋先生のお嬢さん、沖縄県立芸大でも教鞭をとっておられる屋比久珠代先生のおかげである。ケーシクビやネーチリの説明は屋比久珠代先生による。

うしんちーのまず最初の一枚はよへな商店さんのおすすめにより、夏物ではなく、単衣の紺地の琉球絣で仕立てた。透けることがなく、安心して着られる。でもやはりうしんちーのきものは夏物でこそ、仕立てたいし、盛夏に着たいきものだ。次は夏物を作らせてもらおうと思う。この快適さと美しさ、いま自分が持っているきものもうしんちーのきものに仕立て直したい、と思うようになっているくらいだ。

東京では着られても、地元沖縄では、街で着るにはあまりに目立ちすぎるのかもしれず、かえって着るのがはばかられるようにも思う。それでもなんとか、この快適で、軽やかで、美しい着方が改めて広がっていってほしい。

ひとつの夢の実現を心から喜んだ、うしんちーを着た、二〇二二年夏の終わりとなった。

＊1　屋比久珠代氏　Personal communication
＊2　屋比久珠代氏 Personal communication
＊3　呉屋芳子氏 Personal communication
＊3　屋比久珠代氏 Personal communication

# きものに導かれる

「鶴見和子さんかと思いました」と言われた。和歌山県田辺市にある南方熊楠《みなかたくまぐす》顕彰館を訪ねた時のことだ。顕彰館の隣には、熊楠の実際に住んでいた家と庭がそのまま残されている。その家で書類を整理しておられた品のいい初対面の女性に、そう声をかけられた。私は鶴見和子さんに全く似ていないのに。きものを着ているだけなのに。

「岡部さんが来られたかと思いましたよ」と言われた。東京竹富郷友会の方に埼玉で最初にお目にかかった時のことである。沖縄竹富島の方にとって岡部伊都子《いつこ》は近しい存在なのである。私は岡部伊都子さんにも、全く似ていない。きものを着ているだけだ。

鶴見さんも、岡部さんも、きものを日常着となさっていた、姿も存在も美しい女性たちであった。

鶴見和子さん（一九一八 - 二〇〇六）は、私が敬愛する社会学者だ。世界に出て仕事がしたい、もっと学ぶことがたくさんあるはずだと考えていた二〇代半ばの頃、きものを着て上智大学の教壇に立つ鶴見さんの姿は、まぶしかった。

私が二〇年勤めた津田塾大学の前身である津田英学塾の出身でもある。南方熊楠研究の新しい分野を切り拓き、第五回南方熊楠賞を受賞している。彼女の展開する内発的発展論は大層魅力的だった。

明治から大正にかけて活躍した官僚・政治家であった後藤新平の孫で、この時代の育ちの良い女性の佇まいを備え、花柳流の踊りの名取でもあった。写真でしか見たことはないが、そのきもの姿は美しかった。更紗など東南アジアの布を使った帯も誂えておられ、素敵だなあ、と思ったものだ。

鶴見さんが「袷のきものの時期でも、袷の長襦袢は着ない。肩がこるから。長襦袢はずっと単衣のものを使っている」と書いていたので、きものを着始めるずっと前から「長襦袢は、単衣のものだけ着る」と思っていた。今も袷の長襦袢を着る習慣がない。一枚だけ持っている袷の長襦袢は、暖かいことは暖かいが、さらに長着を重ねると、どっしりと重すぎる気がする。

鶴見さんが、草履は京都祇園の「ない藤」のものしか履かない、それを履いて学生と山歩きもするなどと書かれていたから、きものを着始めたらこの草履を買いに行くのだ、と心に決めていた。きものを着るようになって、勇んで京都のない藤に出向いた。びっくりするほど、高価。憧れていたから、一度は文字通り、京都は清水の舞台から飛び降りるようなつもりで買った。

きもので生活すると草履は履きつぶすものであり消耗品なので、勤め人である私は二足は買えない。ない藤の草履のスタイルは、ぽてっとした丸い感じでかわいらしく歩きやすいが、値段もスタイルも自分には合わないと思い、それ以上は求めることもなかった。鶴見先生、すごいな、さすが。この草履で山にまで行ってしまうのか、と感服していた。

学問の上でも、きものの趣味の上でも、生育環境からも、鶴見さんはあまりにハイブローで、私は全く似ていない。南方熊楠邸でお会いした橋本邦子さんは、南方の妻、松枝の親戚筋にあたり、鶴見さんに何度も親しく会って来られた。その方が誰の紹介も、なんのアポイントメントもなく現れた私を見て、鶴見さんを思った、という。これはひとえにきものを着ていることによるのだ。そうしてお声かけいただいたことをご縁に、南方の妻、松枝の日記を世に出すお手伝いをすることになったのは、ただ、きものに導かれてのことなのであった。この日記は現在編集作業が進んでいる。出版が楽しみだ。

岡部伊都子さん（一九二三－二〇〇八）には一度だけお目にかかったことがある。蔵のある京都の家を引き払われる直前にお訪ねした。あれこれ整理しておられたのだろう。初対面の私も、美しい琉球の焼き物のお皿を一枚いただいた。誠に味わい深い、潔い文章を書かれる随筆家で、その筆致は美術から寺院、伝統、反戦、平和まで多くの分野に及んだ。婚約者を沖縄戦で亡くされており、送り出した自分のありようについて、戦後もずっと思索し行動されていた。沖縄との関わりは深く、沖縄関係の本もある。八重山諸島の竹富島とはとりわけ深いご縁を紡がれ、移住を考えておられた。住む家もすでに決まっていたのだが、体が弱いことを理由に、移住は断念したのだと聞いている。

岡部さんが竹富島で住む予定だった家はその後、「こぼし文庫」という名前のこどもたちのための図書館、そして小さな集いの場となった。今も竹富島のお母さんたちによって運営が引き継がれていて、岡部さんのご命日である四月二九日ごろには、月桃忌という小さな集いが毎年行われている。二〇二三年は岡部さんの生誕一〇〇年でもあり、春には生誕を祝う集いが開かれた。岡部さんのコレクションを出版している藤原書店の社長、藤原良雄さんのはからいで、私も参加した。

冒頭の、東京竹富郷友会の有田静人さんにお目にかかったのは、二〇二三年の月桃忌より前のことである。竹富で織られていた芭蕉布に関してお聞きするために、埼玉のご自宅に伺ったのだ。

岡部さんははんなりとした、関西人らしい書き手で、きもの姿もとても粋な方だった。私は全く似ていない。それなのに、きもの姿で現れた私に、有田さんは岡部さんの姿を見てくださったのである。こちらも、ただ、きものが導いてくれた、としか言いようがない。

直接に似ていなくても、私のきもの姿が、ありし日の聡明で美しかった女性たちのことを彷彿とさせるのだろう。そのような視線を向けていただけることのありがたさとうれしさ。私はきものを着ているだけなのに、きものを通じて、世代を超えた女性たちにつなげられているのだ。鶴見さんや岡部さんのような名の知られた女性たちだけでなく、「あなたは母に似ています」と高齢男性に語りかけられたことも、何度かある。

民俗学者の赤坂憲雄さんによると、平家物語を語る琵琶法師は、普段からすべての物語を覚えているわけではないが、琵琶の「べべんべんべん」という音をきくと、それがスイッチとなって、すらすらと語るべき物語がでてくるのだという。おそらく、きものは、そのようなスイッチなのではあるまいか。目の前に直接見ることはできないが、連綿と時間と空間を超えてつなげられてきた女性たちの経験と感情と祈りの集積。私のきもの姿を見ている人には、するすると、別の時代、別の場所できものを着ていた人の記憶が立ち現れていくのであろう。

きものが誰につなげられているか、きものが私をどこに連れていくのか、その時にはわからない。しかし、私はたしかに導かれている。

# あとがき

研究者としての一歩を踏み出したのは沖縄である。国際開発、国際保健協力、といった分野の仕事をしたくて、青年海外協力隊に参加したあと、保健医療分野で仕事をしていくには、公衆衛生を勉強しなければならないと思って、一九八六年に琉球大学保健学研究科に一期生として入学した。研究科は、いわゆる大学院である。琉球大学保健学科自体は復帰前からあり、沖縄の公衆衛生に大きく貢献したところだった。その大学院ができたのだ。当時保健社会学教室を率いておられた、故崎原盛造先生に、一面識もなく、誰の紹介もないのに、直接研究室に電話をかけて、受験させてください、と頼んだ。大宜味村《おおぎみそん》や多良間島《たらまじま》のフィールドワークに参加し、公衆衛生の基礎を沖縄で学ぶことができたのはとても光栄なことだった。

那覇東ロータリークラブに推薦されて、ロータリー財団の奨学金がもらえることになり、海外で学び働くチャンスも、沖縄からもらった。その後、ロンドン大学衛生熱帯医学大学院やブラジル北東部で母子保健分野の公衆衛生、疫学研究を続け、epidemiologist（疫学者）と名乗れるようになり、ここまできた。沖縄なしに、私の研究者人生は、はじまりもしなかったのだ。

本文中にも言及したが、当時、大学院生なのに、学部の部活動である八重山芸能研究会に入れてもらっていた。八重山出身でもないのに、この芸能にふれた時に自らに喚起されたヴァナキュラーな（土着とでも訳すのか、根源的とでも言おうか。イヴァン・イリイチがよく使っていた）感覚を今も忘れることがない。

沖縄を出て、ロンドンや、ブラジルや、東京や、いろいろな場所で研究生活を続けてきたが、沖縄とのご縁は切れずに続き、二〇二四年春より、とうとう研究者人生の始まりに戻るように、沖縄に移住することになった。

心惹かれた八重山芸能のそばで暮らせるのは来世のことだと思っていたが、今世に実現する、うれしさ。女性民俗文化研究所を立ち上げ、女性性の本質を南から追っていきたい。この本にも書いているジーファーや沖縄のきものへの憧れが、私の人生に色を添え、導いてくれたのである。ミンサー帯が誘ってくれたのである。

私にきものの着付けを教えてくれて、その後もあらゆる意味で私のきもののメンターとなってくれている高岡圭子さんに、あらためてお礼を言いたい。二〇〇三年にきものを着始めた時から私を励まし、『きものとからだ』（バジリコ）を出してくださり、さらに今回のこの本も作ってくださった素晴らしい編集者、足立恵美さんにも、心よりのお礼を申し上げる。ありがとうございました。

二〇二三年一二月　東京

三砂ちづる

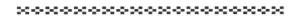

## オトナのための
## 「なりたいわたし」へ

「今のままの暮らしで大丈夫なのかな…？」「仕事はいつまでできるかな？」

ライフステージの曲がり角にさしかかったとき、だれもが悩み、不安を覚えるかもしれません。

「人生の冒険」に一歩踏み出した人たちがいます。

別ジャンルへの転職、新天地への移住、起業、留学、新しい習い事や趣味への挑戦……。

「もう若くないし」「うまくいかなかったら、どうしよう」

不安や気後れとたたかいながら、楽しい生活を切り開いている人たちの体験記をお届けします。

わたしにはむりかな…？

でも、まずは「別の生き方」を想像してみませんか。

三砂ちづる　みさご・ちづる

1958年山口県生まれ。兵庫県西宮市で育つ。京都薬科大学卒業。ロンドン大学PhD（疫学）。作家、疫学者。津田塾大学多文化・国際協力学科教授。専門は疫学、母子保健。著書に、『オニババ化する女たち』（光文社新書）、『死にゆく人のかたわらで』（幻冬舎）、『女が女になること』（藤原書店）、『自分と他人の許し方、あるいは愛し方』（ミシマ社）、『女に産土はいらない』（春秋社）、『セルタンとリトラル』（弦書房）、『ケアリング・ストーリー』（ミツイパブリッシング）など、きものについては『きものは、からだにとてもいい』（講談社＋α文庫）がある。編著に『赤ちゃんにおむつはいらない』（勁草書房）、共著に『気はやさしくて力持ち』（内田樹、晶文社）、『ヒトはどこからきたのか』（伊谷原一、亜紀書房）、訳書にフレイレ『被抑圧者の教育学』（亜紀書房）などがある。

カバー・表紙写真—山口規子　DTP—山口良二
帯写真—郷路拓也　デザイン—アルビレオ

オトナのための「なりたいわたし」へ
六〇代《ろくじゅうだい》は、きものに誘《さそ》われて

2024年2月3日　第1版第1刷発行

著者　三砂ちづる
発行者　株式会社亜紀書房
〒101-0051
東京都千代田区神田神保町1-32
電話　03-5280-0261
振替　00100-9-144037
https://www.akishobo.com
印刷・製本　株式会社トライ
https://www.try-sky.com

Printed in Japan, 2024
ISBN978-4-7505-1829-9　C0095

# ヒトはどこからきたのか

## サバンナと森の類人猿から

伊谷原一 × 三砂ちづる

ヒトはなぜ二足歩行をはじめたのか? ヒトはどこで誕生したのか? 京都大学から始まった霊長類学は、ヒトと類人猿との違いを見ることでヒトの本質を明かそうとしてきた。今西錦司、伊谷純一郎、河合雅雄など、綺羅星のように現れた霊長類研究者たちの軌跡を、霊長類研究者であり、伊谷純一郎の息子である伊谷原一が語る。聞き手は、人間の出産をテーマとしてきた疫学者の三砂ちづる。アフリカでのフィールドワークや日本でのチンパンジーの集団飼育……人類学としての霊長類学を大胆に俯瞰するサイエンス読み物。